누가 생각을 하는가?

데이비드 가드먼 편집 | 김병채 옮김

🕉 슈리 크리슈나다스 아쉬람

The Fire of Freedom
Satsang with Papaji
Volume 1
Edited by David Godman

Published by
Avadhuta Foundation
P.O. Box 296, Boulder, Colorado 80306-0296 USA
mail@avadhuta.com
www.avadhuta.com
(303) 473-9295
toll free; (877) 282-3488

빠빠지와의 삿상

데이비드 가드먼 편집 | 김병채 옮김

누가
Satsang with Papaji

생각을 하는가

슈리 크리슈나다스 아쉬람

목차

서문

    하리완쉬 랄 뿐자는 1913년 리얄뿌르 부근에서 태어났다. 리얄뿌르는 그 당시 인도 관할의 뻰잡 지방에 있는 작은 마을이었지만, 그 뒤 1947년에는 새로 창설된 국가인 파키스탄의 일부가 되어 버렸다. 정부철도망의 한 역장으로 일했던 그의 아버지는 자주 전근을 가야 해서 가족들은 정기적으로 다른 작은 마을로 이사해야 했다.

    1919년, 영국식민정부는 제1차 세계대전의 승리를 기념하기 위해 특별 공휴일을 선포했다. 뿐자 가족은 그 지역에서 가장 큰 도시인 라호르로 여행을 떠났는데, 하리완쉬가 처음으로 큰 영적 깨달음을 얻은 곳은 바로 그곳에서였다. 망고와 요구르트 음료를 가족들에게 차례차례 전달하고 있을 때, 하리완쉬는 자신의 것에는 주의를 기울이지 못했다. 왜냐하면 그는 이미 참나의 직접적인 경험에 의해 완전히 마비되어 있었기 때문이다. 그는 마시지도, 말하지도 혹은 어떤 식으로도 움직일 수 없게 되었으며, 3일 동안 이 상태에 들어 있었다. 후일 그는 그것이 순수한 아름다움과 행복의 경험이었다는 말로 그에게 일어났던 일을 표현하고자 하였으나, 그 당시에는 자신에게 일어났던 일을 평가할 수가 없었다. 일단 이렇게 참나의 행복과 직접적인 접촉을 하게 되자, 그는 그 후 많은 세월 동안 이 경험을 다시 해보려고 노력하였다. 때로는 자연스럽게 그 경험 속으로 끌려들어 가는 경우도 있었다.

크리슈나의 열렬한 헌신자였던 그의 어머니는 그에게 크리슈나에게 헌신하면 다시 이러한 행복의 상태로 돌아갈 것이라고 확신시켜 주었다. 어머니의 조언에 따라서 하리완쉬가 크리슈나의 사진에 열심히 주의를 집중하자, 크리슈나는 만져질 만큼 단단한 실제 육신의 모습으로 그의 앞에 나타나기 시작했다. 비록 가족 중 다른 어느 누구도 크리슈나를 볼 수 없었지만, 그들 모두는 하리완쉬가 '눈에 안 보이는' 그의 새 친구와 놀고 있는 것을 보았다. 하리완쉬는 크리슈나의 형상에 너무나 매료되었고, 오랫동안 그의 주요 영적 욕구는 크리슈나와 함께 있을 때 생기는 희열을 누릴 수 있도록 크리슈나를 그의 면전에 나타나게 하는 것이었다.

열세 살 무렵이 되었을 때, 그는 학교 교과서에 실려 있던 붓다의 형상과 사랑에 빠졌다. 그것은 현재 라호르의 한 박물관에 있는 유명한 조각상의 사진이었는데, 그것은 붓다를 여윈 고행자로 묘사하고 있었다. 무언가가 하리완쉬를 자극하여 그 책 속의 사진을 흉내 내게 했으며, 그 뒤 몇 달간 그는 그 사진처럼 보이도록 하기 위해 일부러 굶었다. 그는 또한 어머니의 사리 중 하나로 승복을 직접 만들어 입고 탁발을 하러 나갔으며, 마을 광장에서 붓다에 대해 설법했다. 붓다를 흉내 내던 그의 10대의 모험은 그 모험에 대해 아무것도 모르고 있던 어머니가 자신의 사리 중 하나를 그가 승복으로 만들었다는 사실을 알았을 때 끝이 났다.

1920년대 후반, 하리완쉬의 가족이 살던 리얄뿌르의 집에 수끄데브가 세를 들었는데, 그는 무력으로 인도에서 영국군을 몰아내고자 애쓰고 있던 어떤 조직에 속한 무장 독립투사였다. 수끄데브와 그의 친구 바가뜨 싱은 둘 다 결국 식민정부의 관리들에 대한 살인과 살인 미수의 죄명으로 영국군에 의해 교수형을 당했다. 간디의 비폭력 방침을 싫어했던 하리완쉬는 그들 집단의 일원이 되었다. 그는 자신의 조국을 점령하고 있는 영국군에 대항하는 폭력이 합법적인 자기방어라고 굳게 확신했기 때문이다. 그는 가족에게 자신은 어떠한 폭력적인 활동에도 참가하지 않을 것이라고 이미 약속해 놓았다. 왜냐하면 그런 활동은 그의 다른 가족 구성원들에 대한 보복으로 이어질 수도 있었기 때문이다. 그러나 그는 영국군을 힘으로 인도에서 몰아내야 한다고 사람들을 설득하기 위해 열변을 토하는 적극적인 대중 연설가가 되었다. 수끄데브와 바가뜨 싱이 교수형에 처해진 뒤, 하리완쉬는 그 보복의 임무로 추정되는, 인도 총독이 탄 열차폭파 미수 사건에 실제로 참가했다. 그러나 그 일이 실패로 돌아가자 뻰잡에서의 투쟁운동은 그 구성원들 대부분이 그때까지 투옥되거나 영국군에 의해 처형되면서 용

두사미로 끝났다.

하리완쉬는 가족의 장남이었다. 16세가 되었을 때 그는 전통적인 중매결혼을 하고 세일즈맨으로 일하기 시작했다. 그의 아버지는 그를 대학에 보낼 여유가 없었기 때문이다. 그의 일은 처음엔 스포츠 제품과 수술도구를 파는 일이었는데, 일 때문에 그는 뭄바이로 갔고 그곳에서 1930년대 대부분을 보냈다. 그의 수입은 아내와 어린 자녀들, 그리고 리얄뿌르에 살고 있던 다른 가족들을 먹여 살릴 만큼 충분했다.

1940년대 초, 제2차 세계대전이 발발한 후 하리완쉬는 영국 전시 군대의 장교를 지원했다. 그는 1920년대와 30년대의 뻔잡 독립투사들은 적절한 군사훈련이 부족했고 무기와 탄약을 충분히 얻을 수 없었기 때문에 결국 실패할 수밖에 없었다고 생각했다. 장교직에 지원하면서 그는 나중에 영국군과 다시 싸울 때 유용하게 쓸 수 있는 좋은 군사훈련을 받게 되리라 생각했다. 그러나 훈련을 시작한 후 바로 자신의 생각이 비현실적인 목표라는 것을 깨달았다.

독립투사로 몇 년을 보냈던 시절에도, 결혼한 남자로 뭄바이에서 일할 때도 하리완쉬는 크리슈나에 대한 사랑을 결코 버린 적이 없었고, 크리슈나를 정기적으로 보려고 하는 욕구도 마찬가지였다. 마침내 장교가 되었을 때는 크리슈나 형상 앞에서 그가 나타나도록 설득하려는 시도로 매일 밤 사리, 보석 및 화장으로 치장을 하고 춤을 추는 데 보냈다. 그는 크리슈나가 여자에게 나타날 가능성이 더 높다고 확신하고 있었다.

결국 군복무가 그에게 적합하지 않는 것으로 드러났을 때 그는 항상 크리슈나를 볼 수 있게 해줄 구루를 찾기 위해 장교 직에서 사임했다. 그리고 그런 구루를 찾아 전 인도를 돌아다니다 당시 가장 유명한 스승들 중 몇 분을 만났다. 그러나 그가 관례적으로 처음에 물어보는 질문인 "신을 보셨습니까? 보셨다면 그분을 저에게 보여 주실 수 있습니까?"에 대해 그들 중 아무도 긍정적인 대답을 해줄 수 없었다.

그가 집으로 돌아와 있을 때, 힌두 탁발 수도승인 한 사두가 리얄뿌르의 그의 집 문 앞에 나타나 자선을 청했다. 하리완쉬는 다시 그 질문을 했다. "저에게 신을 보여 줄 수 있습니까, 보여 주실 수 없다면 보여 줄 수 있는 사람을 알고 있습니까?"

그 사두는 "예, 저는 당신에게 신을 보여 줄 수 있는 사람을 알고 있습니다. 만약 당신이 가서 그 사람을 만나면, 당신의 모든 문제가 다 해결될 것입니다. 그의 이름은 라마나 마하리쉬입니다."라는 말로 대답했다.

하리완쉬는 그 사두에게서 라마나 마하리쉬가 남인도의 띠루반나말라이에 산다는 것을 알아냈다. 이전에 구루를 찾는다고 떠났다가 아무런 성과 없이 끝낸 여행에 모든 돈을 써 버렸기 때문에 그는 기차로 띠루반나말라이에서 불과 몇 시간이면 가는 도시인 쩬나이에 있는 한 회사에서 일자리를 얻어 남쪽으로 가는 여행 경비를 마련했다.

1944년, 라마나 마하리쉬의 아쉬람에 도착했을 때 그는 몹시 불쾌하게도 라마나 마하리쉬가 리얄뿌르에서 사두로 그에게 나타났던 바로 그 사람이라는 것을 알았다. 속았다고 느끼면서 막 아쉬람을 떠나려고 했을 때, 그는 슈리 라마나가 거의 50년 동안 띠루반나말라이를 떠난 적이 없다는 말을, 아쉬람에 거주하고 있던 한 헌신자로부터 들었다. 그래서 호기심에 머무르기로 결정했다.

그는 슈리 라마나에게 처음 말을 하면서 "당신은 뻰잡에 있는 제 집에 온 그 사람입니까?"라고 물었다. 그러나 슈리 라마나는 침묵으로 일관했다.

그 다음에 그는 자신의 관례적인 질문인 "신을 보셨습니까? 보셨다면 제가 그분을 볼 수 있게 해줄 수 있습니까?"를 물었다.

슈리 라마나는 "신을 보여 줄 수는 없습니다. 왜냐하면 신은 볼 수 있는 객체가 아니기 때문입니다. 신은 주체입니다. 그분은 보는 자입니다. 볼 수 있는 객체에 매달리지 마십시오. 보는 자가 누군지를 알아내십시오."라고 대답했다. 그는 또한 "오직 당신만이 신입니다."라고 덧붙였다.

여전히 크리슈나를 몹시 보고 싶어 견딜 수 없어 하고 있던 하리완쉬는 이 충고를 받아들이려고 하지 않았지만, 슈리 라마나의 면전에서 한 차례의 중요한 경험을 할 수 있을 만큼 오래 머물러 있었다. 그의 저서 『Nothing ever happened』라는 책에서 그는 그 경험을 다음과 같이 기술하고 있다.

그의 말들은 나에게 깊은 인상을 주지 않았다. 그의 말들은 내가 전국의 스와미들로부터 들었던 그 수많은 이야기들 속에 추가될 또 하나의 변명으로밖에 들리지 않았다. 그는 (뻔잡의 우리 집에 찾아왔을 때) 나에게 신을 보여 준다고 약속했지만, 지금은 신을 보여 줄 수 없을 뿐만 아니라 다른 그 누구도 신을 보여 줄 수 없다고 말하고 있었다. 그가 나에게 신을 보고 싶어 하는 자인 이 '나'가 누군지를 알아보라고 말한 뒤에 바로 내가 겪었던 경험이 아니었다면, 나는 그와 그의 말을 다시 생각할 것도 없이 깨끗이 잊어버렸을 것이다. 그는 말을 마칠 즈음에 나를 쳐다보았고, 그가 내 눈을 뚫어지게 쳐다보자 내 온몸은 덜덜 떨리면서 흔들리기 시작했다. 신경에너지의 전율이 내 몸을 뚫고 지나갔다. 내 신경말단은 마치 춤을 추고 있는 것처럼 느껴졌고 머리카락은 곤두섰다. 내 안에서 나는 영적인 가슴을 알게 되었다. 그것은 물리적인 가슴이 아니다. 그것은 오히려 존재하는 모든 것의 근원이면서 지주이다. 그 가슴속에서 나는 아직 피지 않은 꽃봉오리 같은 것을 보거나 느꼈다. 그것은 매우 빛나면서 푸르스름했다. 마하리쉬가 나를 쳐다보고 있고 나 자신은 내적 침묵의 상태에 잠겨 있을 때, 나는 이 봉오리가 열려 꽃피는 것을 느꼈다. 나는 '꽃봉오리'라는 말을 쓰고 있지만 이 말은 정확한 묘사가 아니다. 꽃봉오리 같이 느껴지는 어떤 것이 가슴속의 내 안에서 열리고 꽃피었다고 말하는 것이 더 정확할 것이다.

그리고 '가슴'이라고 말할 때, 나는 꽃이 몸의 특정한 곳에 피었다고 말하는 것이 아니다. 이 가슴, 즉 내 가슴의 이 가슴은 몸의 안에도 몸의 바깥에도 없었다. 나는 일어난 일을 더 정확하게 묘사할 수가 없다. 내가 말할 수 있는 것이라고는 오로지 마하리쉬의 면전에서 그리고 그의 응시 아래에서 가슴이 열리고 꽃이 피었다는 것뿐이다. 그것은 놀랄 만한 경험, 내가 이전에 결코 겪지 못했던 경험이었다. 나는 어떠한 종류든 경험을 찾으려고 온 것이 아니었기 때문에 그 일이 일어났을 때 깜짝 놀라지 않을 수 없었다.

좋은 경험을 했지만 하리완쉬는 신의 형상을 얕보는 것 같은 슈리 라마나의 가르침은 그를 위한 것이 아니라고 판단했다. 그는 아루나짤라의 다른 쪽, 즉 슈리 라마나가 그의 성인시절 내내 머물렀던 성스러운 산으로 가서 크리슈나 명상을 계속했다. 크리슈나는 여러 번 그에게 나타났다.

쩬나이로 돌아오기 전에 그는 라마나스라맘에 들러 슈리 라마나를 한 번 더 보았다. 하리완쉬는 슈리 라마나에게 크리슈나의 형상이 나타나고 있었다고 말했지만, 슈리 라마나는 다시 또 그 형상의 중요성을 경시하는 것 같았다.

형상이 왔다가 간 것을 확인한 후에, 슈리 라마나는 "나타나고 사라지는 신이 무슨 소용이란 말입니까? 그분이 진정 신이라면 당신과 항상 있어야 합니다."라고 말했다.

하리완쉬는 쩬나이로 돌아와 새 일을 시작했다. 크리슈나의 이름을 호흡에 맞추어 암송하는 일에 더 한층 집중한 결과, 마침내 그는 크리슈나 만뜨라를 매일 5만 번 반복하는 단계에 이르게 되었다. 그러자 다소 놀랍게도 람, 시따 및 락슈만과 같은 신들이 쩬나이의 그의 집에서 그의 앞에 나타나 대부분의 밤을 그와 함께 머물러 있었다. 그들이 떠난 뒤 그는 자신이 더 이상 암송을 할 수 없다는 것을 발견했다. 그의 마음은 그 신성한 이름을 반복하는 데 열중하기를 거부했다. 그의 수행에서 나타난 이 새로운 현상에 당황해하면서 그는 라마나스라맘으로 돌아가 자신의 곤란한 상황을 슈리 라마나에게 설명하기로 마음먹었다.

그가 일어났던 일에 대해 대충 이야기하자, 슈리 라마나는 그의 수행은 그를 목적지까지 데려다 준 기차와 같았다는 말로 응답했다. 하리완쉬는 『Nothing Ever happened』에서 그 만남에 대해 다음과 같이 기술하고 있다.

슈리 라마나는 "(쩬나이에서 띠루반나말라이로 가는) 기차가 당신을 목적지로 데려왔습니다. 당신은 기차에서 내렸습니다. 더 이상 기차가 필요 없었기 때문입니다. 기차는 이미 당신이 도착하고 싶은 곳으로 당신을 데려다 주었기 때문입니다……

이것이 당신이 암송할 때 일어난 일입니다. 당신의 자빠(신의 이름의 암송), 독서, 명상은 당신을 영적 목적지까지 데려다 주었습니다. 당신은 그것들이 더 이상 필요하지 않습니다. 당신 스스로는 수행을 포기하지 않았습니다. 그것들은 목적을 달성했기 때문에 자발적으로 당신을 떠났습니다. 당신은 목적지에 도착했습니다."

그러고 나서 그는 나를 빤히 쳐다보았다. 나는 온몸과 지성이 순수의 파도에 의해 씻기고 있는 것을 느낄 수 있었다. 나의 온몸과 지성이 그의 조용한 응시로 정화되고 있었다. 나는 그가 내 마음을 빤히 들여다보고 있는 것을 느낄 수 있었다. 마술을 거는 것 같은 그 눈길 아래에서 내 몸의 모든 원자가 정화되고 있는 것을 느꼈다. 나에게 새로운 몸이 창조되고 있는 것 같았다. 변형의 과정이 계속되었다. 낡은 몸은 원자 하나하나씩 죽어가고 새로운 몸이 그 자리에 만들어지고 있었다. 그때 갑자기 나는 이해했다. 옛날에 나에게 말을 걸었던 이 남자가 사실은 이미 나 자신인 존재, 언제나 나 자신이었던 존재라는 것을……. 내가 참나Self를 알게 되었을 때 갑작스런 '인식recognition'의 충격이 있었다. 나는 '인식'이라는 단어를 일부러 사용하고 있는데, 그 이유는 그 경험이 나에게 드러나는 순간 나는 이것이 틀림없이 여섯 살의 어린아이로서 라호르에서 망고 음료를 받아들이지 않았을 때 내가 몰입해 있던 평화와 행복과 똑같은 상태라는 것을 알았기 때문이다. 마하리쉬의 침묵의 응시는 나를 그 최초의 상태로 다시 돌아가게 했다. 외적 신을 찾고자 하는 욕구는 마하리쉬가 나에게 드러낸 참나의 직접적 지식과 경험 속에서 사라졌다…… 나는 나의 영적인 탐구가 끝났다는 것을 알았다……

하리완쉬는 쩬나이로 돌아가 군납업자로서 계속 일했다. 그러나 시간이 날 때마다 라마나스라맘으로 돌아왔다. 일 년 정도도 안 되는 시간에 그는 슈리 라마나의 형상과 완전히 사랑에 빠져 한시라도 그와 떨어져 있기 어렵다는 것을 깨달았다.

1947년 중반, 파키스탄과 인도의 신생 국가들 간의 국경이 분리된 후 그 국경 양쪽의 힌두인들과 이슬람교도들이 대이동을 시작했다. 다시 말해, 파키스탄의 힌두인들은 인도로, 인도의 이슬람교도들은 파키스탄으로 이주하기 시작했다. 긴장이 고조되고 그 뒤 일어난 언쟁에서 많은 사람들이 살해되었다. 당시 라마나스라맘에 머물고 있던 하리완쉬는 이 모든 일에 대해 잘 몰랐다. 그는 더 이상 신문을 읽거나 뉴스와 계속 접촉하지 않았기 때문이다. 그러나 하리완쉬의 가족이 파키스탄 쪽의 국경 지역에 살고 있다는 것을 알고 있던 슈리 라마나의 헌신자 중 한 사람이 그 상황을 슈리 라마나에게 알려 주었다. 슈리 라마나는 하리완쉬에게 고향 리얄뿌르로 돌아가 그의 가족들을 모두 안전한 인도로 데려오라고 충고했다.

하리완쉬는 자신은 더 이상 가족과 어떤 관계도 없고 그들에 대한 어떤 책임도 없다고 느끼면서 가는 것을 거절했다. 그러나 슈리 라마나는 아직 가족을 돌볼 의무가 있다고 그를 설득했다. 마지못해 하리완쉬는 라마나스라맘을 떠나 35명이나 되는 그의 대가족을, 파키스탄을 떠나는 마지막 기차를 타고 인도로 데리고 왔다. 이 기차가 그 국경을 넘어가자마자 두 나라를 연결하는 철로는 철거되었다.

무일푼의 피난민과 다름없던 뿐자 가족은 그 뒤 지금은 우따르 쁘라데쉬 주에 있는 럭나우에 정착했다. 하리완쉬는 그들과 함께 거기 머물면서 일해야 했다. 왜냐하면 그 가족은 스스로를 부양할 재원이 거의 없었기 때문이다. 하리완쉬를 따라 인도로 온 가족 구성원의 대부분은 직업을 가질 수 없는 여자들이었다. 이 가족들을 돌보느라 하리완쉬는 슈리 라마나를 다시 만나 보지도 못했다.

1950년대 초 슈리 라마나가 세상을 떠나자 하리완쉬는 사두로서 그곳에 살 생각을 하고 띠루반나말라이로 돌아왔지만 운명은 그를 위해 다른 계획을 준비해 놓고 있었다. 슈리 라마나스라맘 부근에서 잠시 머문 뒤 그는 방갈로르로 여행을 갔는데, 그곳에서 한 광산회사의 감독관직을 제안 받았다. 그는 그 직위를 받아들였다. 주된 이유는 그의 가족을 부양할 수입이 필요했기 때문이다. 그래서 그 다음 15년 동안,

즉 1966년 은퇴할 때까지 그는 까르나따까와 고아에 있는 많은 광산에서 일했다.

직장을 그만두자마자 그는, 히말라야산 구릉지대의 강가(갠지스 강) 강둑에 있는 하리드와르를 제일 마음에 들어 하는 것 같았지만, 인도 전역을 여행하기 시작했다. 그는 자신을 스승이라고 말한 적이 없지만 그가 가는 곳마다 항상 소수의 헌신자들이 그에게 이끌렸다. 그가 리쉬께쉬와 하리드와르의 강가 강둑을 따라 줄지어 있는 여러 센터들에 모인 영적 구도자들 사이에서 더 많은 시간을 보내기 시작하자 헌신자들의 수효는 서서히 증가했다.

1970년과 1990년 사이에 그는 인도와 해외를 널리 여행했는데, 그의 여행 대부분은 그를 보고 싶어 했던 헌신자들의 간청 때문이었다. 그는 센터나 아쉬람을 세우려는 모든 시도에 반대했다. 대신에 그들 자신의 공동체에 있는 작은 집단과 만나는 것을 더 좋아했다. 신체적인 문제로 그가 혼자 여행하지 못하게 되었을 때인 1980년 후반, 그는 럭나우에 정착했다. 처음에는 도시 중심에 있는 그의 가족의 집에서, 그 뒤 1991년부터는 인디라 나가르 교외의 한 집에서 지냈다. 그가 매일 삿상을 하고 가끔 강가를 잠깐 방문하는 여행을 하면서 말년을 보냈던 곳이 바로 거기였다. 그는 1997년 9월에 세상을 떠났다.

이 서문에서 나는 그를 '하리완쉬'라고 했는데, 그 이유는 그 이름이 그에게 주어진 최초의 이름이기 때문이다. 그러나 그는 일생 동안 많은 이름을 가지고 있었다. 가령 어머니는 그를 집에서 '람'이라고 불렀고, 1970년대 한때는 히말라야 구릉지대에서 전갈에 물린 상처를 치료하는 그의 능력 때문에 '전갈 바바'로 알려져 있었다. 1990년 무렵에는 '존경받는 아버지'라는 뜻의 '빠빠지'라는 칭호를 얻었는데, 이 경어는 그의 말년 몇 년 동안 그를 만나러 오는 거의 모든 사람들이 사용했다.

빠빠지는 그가 어떤 '가르침'을 가지고 있다는 것을 항상 부인했다. 그러나 그가 정말로 가지고 있는 것은 그를 찾아오는 사람들에게 참나를 직접 언뜻 보게 할 수 있는 놀라운 능력이었다. 이 책의 여러 페이지에서, 단지 알아봐 주고 인정받기만을 기다리면서 자신의 내부에 항상 있다고 빠빠지가 말하는 그 참나에 대한 원래의 경험을 깨닫도록 하기 위하여 그를 찾아오는 방문객들에게 그들의 내부를 들여다봐야 한다고 거듭 부추기고 강하게 권유하는 그를 볼 수 있다. 그의 방법은 어떤 위대한 영적인 경험을 얻기 위하여 장기적인 목표를 세워 사람들을 멀리 보내어 명상하고 수행하게 하는 것이 아니었다. 그보다는 그를 만나러 오는 사람들에게 마음과 개인적 정체감이 일어나는 바로 그 자리에서 참나 깨달음을 찾으면 지금 여기서 그것이 가능하다는 것을 보여주는 것이었다.

이 책을 구성하고 있는 대화는 빠빠지가 1991년 자신의 인디라 나가르 집에서 방문객들과 함께 나눈 대화를 옮긴 것이다. 그 당시 약 10명에서 15명의 사람들이 매일 그를 만나러 왔다. 원본 오디오 테이프에는 날짜가 없지만 나는 당시 참석했던 몇 사람들과 이야기해서 삿상이 그해 7월과 8월에 있었다는 사실을 확인했다. 테이프 상의 일부 목소리들은 나에게 익숙한 목소리였지만 나는 책에서 그들의 신원을 밝히지 않기로 결정했다.

빠빠지는 주로 서양인들과 대화했기 때문에 힌두경전과 철학의 기술적 용어는 그다지 많이 사용하지 않았다. 그러나 몇 가지 용어들은 실제로 이따금 나타나는데, 그 용어들이 괄호를 쳐서 설명하는 방법으로 번역 처리되지 않을 경우, 그 용어들의 의미는 이 책의 끝에 있는 용어해설에서 찾아볼 수 있다.

빠빠지는 항상 깨달은 자의 말에는 어떤 힘, 즉 그 말을 듣고 있는 사람들에게 직접적인 경험을 용이하게 해주는 어떤 힘이 있다고 말했다. 나는 이 힘이, 빠빠지를 직접 만나지는 못했지만 비디오나 책을 통하여 그를 우연히 만난 사람들에게도 여전히 전달될 수 있다고 믿고 있다. 나는 한때 빠빠지에게, 참나 경험의 준비가 되어 있는 사람과 되어 있지 않은 사람을 의미하는 '성숙한' 헌신자와 '미숙한' 헌신자가 있다는 사실을 인정하는지 물었다. 그는 오직 두 부류의 사람들, 즉 그의 말을 적절히 들을 수 있는 자와 그렇지 못한 자만을 인정한다는 말로 대답했다. 만약 당신이 완전히 침묵하고 수용하는 마음으로 그의 말에 적절히 귀를 기울이고 그의 '가르침'이 당신에게 가리키고 있는 방향으로 들여다본다면, 그런 말을 만들어 내는 참나의 힘이 당신에게 스스로 모습을 드러내 보일 것이다.

2007년 띠루반나말라이에서

데이비드 가드먼

감사의 말

모든 테이프 내용을 녹취하고, 편집하고, 인쇄 작업을 감독해 준 아루나에게 감사드린다. 또한 자금을 대 주고 필사를 가능하도록 전반적인 지원을 해주며, 오랫동안 지연된 이 작업이 마침내 결실을 맺을 때까지 묵묵히 참아 준 아바두따 재단에 감사드린다. 원고를 읽고 잘못된 부분을 지적해 주며 유용한 제안을 아끼지 않았던 짠드라, 데브, 디비야, 기따, 릴라, 나디아, 놀라, 사라, 벤까따수브라마니안, 그리고 이름을 밝히기를 원하지 않았던 한두 분께도 감사드린다.

1

누가 생각을 하는가?

저의 스승으로서 당신을 가장 잘 이용하는 방법을 잘 모르겠습니다. 저는 이곳에서 시간을 최대한 효율적으로 사용하고 싶습니다. 그러나 어떻게 시간을 사용해야 하는지 모르겠습니다. 제가 집에서는 하지 않고 있는 어떤 것을 여기에서 해야 합니까?

당신이 온 목적에 주목하십시오. 먼저 당신의 목적을 분명하게 하십시오. 관계는 중요한 것이 아닙니다. 관계는 우리가 나중에도 돌볼 수 있는 것입니다. 목적이 가장 중요하고 최우선입니다.

갈증이 나면 당신은 강으로 갈 것입니다. 당신의 목적은 갈증을 해소하는 것입니다. 어떤 관계를 맺을 것인가에 대해서 강에게 묻지 않을 것입니다. 관계는 꼭 필요한 것이 아닙니다. 그 목적만이 필요합니다.

당신은 그저께 여기에 왔습니다. 그리고 당신의 목적은 자신이 누구인지를 알아내는 것입니다. 이것을 탐구하십시오. 자신이 누구인지를 아십시오. 먼저 자신이 누구인지를 안다면 자동적으로 당신은 제가 누구인지를 알게 될 것입니다. 그러므로 당신의 첫 번째 우선순위는 "나는 누구인가?"라는 질문입니다. 그것을 발견한다면 당신이 바라보는 다른 모든 대상과 사람들의 참된 본성을 알게 될 것입니다. 우선 "나는 누구인가?"라는 이 질문을 가지고 시작하십시오. 우리는 그저께 이 질문으로 시작했습니다. 자신이 누구인지를 알아야만 합니다. 제가 당신에게 물어보라고 했던 질문은 무엇이었습니까?

누구인가?

그렇습니다. 질문 전체는 무엇이었습니까?

누가 생각을 하는가?

그렇습니다. 이것이 제가 당신에게 준 질문입니다. 저는 당신에게 이 질문에 대한 답을 찾으라고 했습니다. 이 질문을 통하여 당신의 집인 참나로 돌아갔다가 다시 돌아와서 그곳에서 본 것을 말해 달라고 했습니다.

제가 그곳에서 무엇을 봅니까?

그렇습니다. 당신은 그곳에서 무엇을 봅니까? (빠빠지가 종이에 '누구'라는 글자를 써서 질문자에게 보여 주는 사이 잠시 대화가 중단되었다.) 당신은 여기에서 무엇을 봅니까?

종이 위의 한 단어를 봅니다.

이 간단한 단어가 당신의 질문입니다.

제가 여기에서 무엇을 봅니까?

어디에서든지. 그 '누구'란 자가 있는 곳이면 어디에서든지 말입니다. 당신의 질문은 "누가 생각을 하는가?"입니다.

저는 그 질문을 볼 수 있습니다.

이 질문이 어디에서 왔는지 볼 수 있습니까? 이 질문에 집중해서 이것이 어디로부터 일어나는지를 지켜보십시오. 다시 그 '누구'란 자에게로 돌아가십시오. 당신은 그곳에서 무엇을 봅니까?

일어나고 있음을 봅니다. 대상이 하나에서 또 다른 하나로 일어나는 것을 봅니다.

일어난 것은 술어에 해당하는 것입니다. 이제 주어가 무엇입니까? 누가 생각을 합니까? 생각하고 있는 이 술어에서 방향을 바꾸어 '누구'라는 주어에 집중하십시오. 이것이 종착점입니다. 이제 당신은 근원에 있습니다. 그렇지 않습니까? 이 '누구'란 자가 누구인지를 알아내십시오. 그 자의 모양은 어떻습니까? 이 '누구'란 자의 모양은 어떻습니까? 그 형상은 어떻습니까? 그것은 어떠한가요? 그것은 어떻게 생겼습니까?

(오랜 침묵)

무슨 일이 일어나고 있습니까?

이 질문은 바로 무nothing에서, 텅 빔에서 일어나 다시 텅 빔으로 돌아가 사라집니다.

옳습니다. 당신은 이 질문이 텅 빔 속으로 사라졌다고 말합니다. 그런데 질문은 "누가 생각을 하고 있는가?"였습니다. 생각을 위해서는 마음이 필요합니다. 그렇지 않습니까? 이제 생각의 과정이 정지되었습니다. 그것은 당신이 "누가 생각을 하는가?"라는 질문을 할 때 일어났습니다. 이제 이 과정은 정지되었습니다. 그때 당신은 질문이 사라졌다고 아주 정확하게 말했습니다. 그것은 바로 "텅 빔만이 있습니다."라고 당신이 말한 것입니다. 그 밖에 또 무슨 말을 하시겠습니까?

그것은 텅 빔이고, 그냥 공간입니다.

그렇습니다. 그것은 텅 빔입니다. 그것은 공간입니다. 텅 빔이 있습니다. 공간이 있습니다. 이것이 당신의 본성입니다. 그것을 현존, 공간 혹은 다른 무엇으로도 부를 수 있습니다. 그것은 욕망이나 생각으로 방해를 받습니다. 그것은 욕망에 의하여 항상 방해를 받습니다. 텅 빔은 그냥 생각이나 욕망의 부재 혹은 없음입니다. 어깨에 짐을 지고 있을 때는 쉬지 못합니다. 당신이 200파운드의 짐을 지고 있고 이 고통을 없애려 한다고 가정해 봅시다. 그 짐을 내려놓을 때, 당신은 어떤 것도 얻지 못했습니다. 당신은 이전에 없던 새로운 상태를 얻은 것이 아닙니다. 단지 당신을 괴롭히는 어떤 것을 벗어 던짐으로써 당신의 본성으로 돌아간 것입니다. 그 본성이란 당신이 이 무게의 짐을 지기 전에도 있던 본래의 상태입니다.

이 생각하는 과정, 이 짐은 우리가 늘 지니고 다니는 욕망입니다. 저는 이 원치 않는 짐을 버리는 방법을 보여 주었습니다. "누가 생각을 하는가?"라는 질문을 던질 때, 당신은 생각하는 과정을 정지시키고는 당신의 진정한 본성, 본래의 본성, 자연스러운 본성, 비어 있는 순수한 근원으로 다시 돌아옵니다. 이것이 당신 자신의 본성이며, 이것이 항상 당신인 것입니다. 마음은 거기에 들어갈 수 없습니다. 시간도 들어갈 수 없습니다. 죽음도 들어갈 수 없습니다. 두려움도 들어갈 수 없습니다. 이것이 당신 본래의 영원한 본성입니다. 거기에 머물면 아무런 두려움이 없을 것입니다. 만약 그곳을 벗어난다면, 당신은 현상계인 삼사라 속으로 들어가게 됩니다. 그러면 늘 어려움을 겪게 될 것입니다.

저에게는 그것을 훨씬 더 큰 것으로 만들고 싶은 욕망이 있는 것 같습니다.

무슨 뜻입니까?

저는 그것이 어떤 크고 대단한 경험일 것이라는 기대를 갖고 있었던 것 같습니다. 그러나 그것에 대한 경험은 실제로는 매우 평범한 것입니다. 그것은 아주 분명하고, 아주 평범하고, 아주 비어 있는 것이라고 느껴집니다.

그렇습니다. 텅 빔으로부터 모든 것이 일어납니다. 텅 빔으로부터 수백만의 행성들과 태양계를 구성하는 이 모든 현상계인 이 모든 우주가 생겨났습니다. 우주에 떠 있는 수백만의 이 모든 행성들이 이 텅 빔의 티끌로부터 일어나는 한 생각에서 일어났습니다. 이것은 텅 빔에 아무런 영향을 주지 않은 채 일어날 수 있습니다.

텅 빔의 상태에 머물도록 노력해야 합니까? 생각은 텅 빔에서 일어납니다. 어떤 생각들은 매우 매혹적입니다. 어떤 생각들은 두렵게 합니다. 어떤 생각들은 아주 불쾌합니다. 저는 그 생각들에 매달려 그 생각들과 동일시하려는 저 자신을 발견합니다. 제가 그 생각들이 되어 버립니다. 제가 자신을 다시 깨달을 수 있기 전까지는 현존과 텅 빔을 보지 못하고 놓치게 됩니다.

그때 자신이 누구인지를 생각할 수 있다면, 모든 것은 끝이 납니다. 모든 것은 사라집니다. 우리가 취할 수 있는 가장 좋은 태도는 잊어버리지 않는 것입니다. 단지 당신의 역할을 수행하되, 이 모든 것이 무대 위에서 일어나는 한 편의 연극이라는 점을 잊지 마십시오.

한 극단이 연극을 공연한다고 상상해 봅시다. 왕의 신하 역할을 해야 하는 사람은 마지막 순간에 아파서 올 수가 없었습니다. 대역을 맡을 다른 배우들도 없었기에, 극단의 소유주가 그 역할을 하도록 투입되었습니다. 그 연극에서 소유주의 고용인들 중 한 사람일 뿐인 왕은 그 신하에게 명령합니다. "나의 신발을 가져오너라. 나는 산책을 나가고 싶다." 그 소유주는 온순하게 복종을 하고 그 명령을 따릅니다. 그러나 그가 그 회사의 소유주라는 것을 잊어 본 적이 있겠습니까? 그가 이 역할을 연기하고 있는 동안 내내 그는 자신이 소유주라는 것을 알고 있기 때문에 신하의 역할을 맡아도 행복합니다.

자신이 참나라는 것을 알고 이와 같이 산다면, 당신은 어디에서든지 행동할 수 있습니다. 이것을 안다면 당신의 모든 활동은 아주 아름다울 것입니다. 그리고 결코 고통을 받지 않을 것입니다. 이 텅 빔에 대한 지식을 잠깐이라도 보았다면, 이 모든 현상계, 이 모든 삼사라가 자신의 투사라는 것을 알게 될 것이기에, 당신은 항상 행복할 것입니다.

이 모든 현상계가 어디로부터 일어납니까? 잠을 잘 때는 그곳에 어떤 것도 존재하지 않습니다. 그렇지 않습니까?

그때는 또 다른 종류의 꿈이 존재합니다.

저는 꿈에 대해서 말하고 있지 않습니다. 그 상태에 대해서는 나중에 이야기할 수 있습니다. 지금 저는 깊은 수면의 상태에 대해서 말하고 있습니다.

몇 년 전에 저는 리쉬께쉬에서 한 그룹의 사람들을 만났습니다. 심리학자, 생리학자, 심지어 초월 심리학자들을 포함하여 25명의 사람들이 전 세계에서 왔습니다. 그들은 깨어 있음과 꿈이라는 두 상태만이 있다는 매우 독창적인 명제를 가지고 그것을 시험해 보려고 했습니다. 인간은 깨어 있음과 꿈이라는 이 둘 중의 하나에 있으며 잠과 같은 상태는 실제로 없다고 그들은 말하였습니다.

그들 중 한사람이 저에게 "그것이 우리가 서구에서 발견한 것입니다. 우리가 잠자는 사람의 뇌에 뇌파를 재는 기구를 부착했을 때 깊은 잠으로 보이는 기간조차도 꿈이 늘 진행된다는 것을 발견했습니다."라고 말했습니다.

인도에서는 깨어 있음, 꿈꾸는 상태, 잠, 뚜리야, 뚜리야띠따와 같이 다섯 가지 상태가 있다고 말합니다.

마지막의 것은 무엇입니까?

뚜리야띠따입니다. 깨어 있음, 꿈, 잠은 당신이 이해할 수 있는 상태입니다. 이것 이후에 네 번째 상태인 뚜리야가 있습니다. 이것은 이전의 세 개가 나타났다가 사라지는 상태입니다. 그 너머에는 뚜리야띠따라는 것이 있습니다. 이것의 의미는 '네 번째의 너머'라는 것입니다.

이들 과학자들은 그들의 도구로 시험하기 위해서 스와미들을 찾으러 여러 아쉬람을 다녔습니다. 몇몇 과학자들은 우주비행사 훈련 과정을 담당한 사람들이었습니다. 분명히 우주 비행사들은 우주에서 수면을 잘 취하지 못했을 것입니다. 그래서 우주 비행사들의 수면을 개선할 방법을 찾기 위하여 연구가 진행되고 있었습니다. 어떤 종류의 명상이나 요가가 그들의 수면 방식을 개선할지도 모른다는 이론이 있었던 것입니다.

이 과학자들은 시험의 대상이 될 스와미들을 찾고 있었습니다. 그들은 스와미들이 명상하고 있을 때 그들의 머리에 전극을 부착하여 명상 중에 뇌파의 변화를 보고 싶어 했습니다. 그들은 많은 사람들에게 시도하였고 결국에는 스와미 라마라고 하는 사람에게 시험을 하게 되었습니다. 그들이 도착했을 때 스와미 라마는 아쉬람에서 정원 일을 하고 있었습니다. 저는 그때 그곳에 있지는 않았으며, 이것은 전해 들은 이야기입니다.

그들은 그에게 예의바르게 다가가서 그들의 목적을 설명하였습니다. 그리고 그가 앉거나 누워서 명상하는 동안 그의 뇌파를 검사해도 되는지를 물었습니다.

그러자 그는 "제가 정원에 물을 주고 있는 동안에 당신의 줄들을 부착해도 됩니다. 저는 명상하기 위해 앉아 있을 필요가 없습니다."라고 대답했습니다.

과학자들은 그의 머리에 줄을 부착하였는데 그 스와미가 말한 바와 같이 그가 일상적인 정원 일을 하는 동안에도 그의 마음이 작용하지 않는다는 것을 발견하였습니다. 그들은 너무나 감명을 받았으며, 심도 있는 실험을 하기 위하여 그를 데리고 갔습니다.

당신이 알고서 그 바탕에 자리를 잡는다면, 수많은 활동이 진행되더라도, 그 활동을 할 마음은 필요하지 않습니다. 참나가 이 모든 것을 돌볼 것이고 당신은 늘 평화 속에 있을 것입니다.

깨어 있음, 꿈, 잠과 같은 세 가지 상태와 텅 빔의 바탕이 되는 네 번째 상태로 돌아가 봅시다. 세 가지 상태는 바탕에 투사된 것입니다. 그 바탕은 잠이 오고 가고, 꿈이 오고 가고, 깨어 있음도 오고 가는 그 배경인 것입니다. 어떤 바탕, 즉 어떤 근본적인 토대가 있어서 그것을 중심으로 모든 것이 돌아갑니다. 그 토대, 그 현존, 그 공간은 항상 있습니다. 그러나 당신이 외부의 일들에 너무 몰두해 있으면 그것을 잊어버리게 됩니다.

그런데 사람들은 세 부류가 있습니다. 첫 번째 부류는 절대로 잊지 않는 사람들입니다. 어떤 환경에서도 그들은 모든 것이 이 바탕에서 일어난다는 것을 압니다. 이런 사람들이 지반묵따입니다. 지반묵따는 그들이 몸을 가지고 여전히 살아 있는 동안에 완전한 해방을 얻었다는 것을 의미합니다. 두 번째 부류는 때로는 기억하고 때로는 잊어버리기 때문에 스스로 어려움에 처하게 됩니다. 텅 빔에 대한 자각은 잠시 동안 일어나지만, 죽은 친구에 대한 기억이 일어나 갑자기 슬픔에 빠지기도 합니다. 그들은 어떤 생각에 집착함으로 텅 빔에 대한 자각을 잃습니다. 이런 종류의 텅 빔은 영속적이지 않고, 정신적인 활동의 변덕에 의존해 있습니다. 세 번째 부류의 사람들은 늘 고통을 받고 있습니다. 그들은 그 원래의 공간, 그 텅 빔을 잠시라도 경험해 보지 못한 이들입니다. 그래서 끊임없이 고통을 받습니다. 그들에게는 삼사라가 결코 끝나지 않으며, 잠시도 멈추지 않습니다.

당신이 극소수뿐인 첫 번째 클럽의 회원이라면, 드러나는 모든 현상이 자신의 참나에 나타난 겉모양이라는 것을 알게 됩니다. 당신이 눈을 뜨게 되면 현상계는 일어나지만, 그 모든 것이 오직 투사라는 것을 압니다. 당신이 잠잘 때는 어떤 현상계도 존재하지 않지만 당신, 즉 당신의 참나는 여전히 존재하고 있습니다. 그 어떤 것은 당신이 잠을 자는 동안에도 여전히 존재하고 있을 것입니다. 바로 그 어떤 것이 당신 자신의 참나입니다.

제가 잠을 자는 동안에는 그 현존을 자각하지 못합니다.

그렇습니다. '당신'이 존재하지 않기 때문입니다. 이런 문제들을 결정하는 것은 바로 '당신'이고, 그 '당신'을 통하여 당신은 살아갑니다. '당신'에게 현존이 느껴지는 유일한 때는 현존에 대한 자각에 어떤 장애가 있을 때입니다.

"장애가 있을 때는 현존을 느낄 수 있다. 그러나 장애가 없을 때는 현존을 느낄 수 없다." 이 말은 매우 역설적인 것 같습니다.

자신이 한 사람이라는 느낌이 장애입니다. 당신의 모든 경험이나 경험의 부족과 같은 이 모든 것은 개별성이라는 이러한 생각을 통해 중재됩니다. 이 장애는 현존으로부터 일어나며, 그래서 당신은 그것을 통하여 현존을 느끼거나 현존의 없음을 자각합니다. 현존은 늘 존재하고 있습니다. 그러나 당신은 깊은 수면 상태에서는 그것을 느끼지 못합니다. 왜냐하면 이 '나'라는 중재자가 그 상태에서는 없기 때문입니다. 당신은 이 '나'가 없을 때 어떤 것을 자각하는 방법을 알지 못합니다. 그래서 "현존은 제가 잠이 들 때 그곳에 있지 않습니다."라고 말합니다.

당신은 자신의 모든 경험을 정당화시키기 위하여 이런 장애들을 사용합니다. 그러나 그것은 그 자체의 본질적인 정당성을 지니고 있지 않습니다. 샨띠, 즉 평화는 장애물이 생기기 전에도 존재하고 있었고, 장애가 사라지면 샨띠는 여전히 가득합니다. 당신의 본성이 이 샨띠입니다. 경험하는 자가 있을 때도, 경험자가 없을 때도 그것은 항상 존재하고 있습니다.

그렇습니다. 그것은 명백합니다. 물고기는 평생 물에서 헤엄쳐 다니지만, 물에 대해서 아는 것은 아무것도 없습니다. 물고기에게 물에 대해 가르치고 싶을 때는 물고기를 물 밖으로 꺼내 놓으면 됩니다. 그러면 물고기는 즉시 물이 무엇이고 물이 얼마나 중요한지를 이해합니다. 당신의 말씀은 현존을 방해하는 것이 없으면, 현존에 대비되는 것은 아무것도 없다는 것입니다. 그리고 그것은 현존을 알기 위한 어떤 방법도 없다는 것을 의미합니다.

지금 우리는 강에서 여전히 살고 있지만 "나는 목이 말라요."라고 외치는 물고기에 대해 이야기하고 있습니다. 고통이라는 생각을 만들어 내는 것은 바로 근원을 이루고 있는 바탕에 대한 무지입니다. 그 공간, 그 텅 빔이 당신의 타고난 본성입니다. 그것은 항상 존재합니다.

(질문자가 억제할 수 없는 웃음을 터트리기 시작한다.)

그는 박사입니다.(빠빠지 역시 웃기 시작한다.)

참으로 후련합니다! (방 안의 모든 이가 웃는다.) 이것이 이렇게 간단하다는 것을 믿을 수가 없군요. 흐음. 감사합니다. 정말 감사합니다. 이제야 기억이 되살아납니다.

(새로운 질문자가 웃고 있는 사람에게 이야기하며) 당신은 잊어버렸습니까? 저는 저 자신을 지켜보며 "누가 화를 내고 있지?"와 같은 질문들을 합니다만, 항상 잊어버립니다.

"잊어버렸다."고 말할 때, 당신은 잊어버리고 있다가 갑자기 기억하는 것이 아닙니다. "잊어버렸구나."라는 생각이 일어날 때마다, 그것은 기억하고 있는 것입니다.

그러나 잊어버렸다는 사실을 자각하지도 못하는 때도 있습니다. 예를 들어, 망각이나 기억에 대한 생각이 전혀 없이 그냥 화를 내는 때도 있지요.

당신은 망각하거나 기억하는 이 실체와 관계를 맺고 있습니다. 망각하고 있는 사람이 틀림없이 있습니다. 잊어버렸든 기억했든지 간에 동일한 사람이 존재하고 있습니다. 그러므로 기억과 망각의 전 과정을 통해서도 그 사람은 동일하게 존재하고 있습니다. 망각하는 '나'를 찾아내십시오. 그리하면 당신은 절대 망각하지 않고 있는 '나'를 발견하게 될 것입니다. 진정한 '나'는 의식 그 자체입니다. 그것은 어떤 것도 잊지 않고 있습니다. 그것은 현존 그 자체입니다. 그 현존 안에서는 당신은 어떤 것도 잊지 못할 것입니다. 빛이 사방에 있다면, 아무것도 숨길 수 없습니다. 왜냐하면 사물이 뚜렷이 보이지 않는 어둠의 영역이 전혀 없기 때문입니다. 의식으로 돌아가면 모든 것은 아주 선명해질 것입니다. 어떤 것도 잊혀지거나 감추어지지 않을 것입니다.

꿈을 꾸는 수면의 상태가 있습니다. 깨어 있는 상태도 있습니다. 이 것들은 당신에게 알려져 있는 것이지만, 그 너머에 어떤 것이 있는데, 그것이 바로 의식입니다. 이것이 당신의 참된 본성입니다. 그것을 획득하거나 쟁취하거나 달성하거나 성취하거나 열망할 필요가 없습니다. 그것을 결코 잃은 적이 없으므로 그것을 다시 얻기 위해 그것을 향해 쫓아다닐 필요가 없습니다. 그것은 지금 여기에 있으며, 늘 여기에 있을 것입니다. 그것은 잊어버릴 수가 없습니다. 그것이 지금 여기에 없다면, 그것을 얻으려고 노력해 봐야 무슨 소용이 있겠습니까? 무엇이든지 새롭게 얻는 것은 언젠가 잃어버리게 될 것입니다.

그러므로 절대로 잃지 않는 것, 즉 영원하며 영속적이고 자연스러우며, 지금 이곳에 늘 있는 것을 찾으십시오. '지금'을 보십시오. 현존을 보십시오. 공간을 보십시오. 당신 자신의 텅 빔을 보십시오. 모든 것은 티끌만 한 이 텅 빔 속에 존재하고 있습니다. 온 우주는 거기에 있습니다. 온 우주는 그곳으로부터 나옵니다. 그곳으로 돌아가 이 모든 현상계의 근원을 보십시오. 그러고 난 뒤에 삶을 즐기십시오.

2

노를 던져 버리십시오

때로는 자각이 있습니다만, 그것과 함께 아직도 이원성이 있습니다. 때때로 저는 샨띠(평화)로 충만해 있습니다. 그럴 때는 어떤 것도 문제되는 것 같지 않기 때문에 그다지 신경을 쓰지 않습니다. 그렇지만 때론 아직도 이원성이 존재한다는 것이 저를 슬프게 합니다.

이원성이 있기 위해서는 비이원성이라는 바탕이 존재해야만 합니다. 이원성이 이원성으로 인식되기 위해서는, 이원성을 자각하고 있는 비이원성이 있어야만 합니다.

그것은 주체를 지각하고 있습니다.

이원성을 지각하기 위해서는 비이원성이라는 바탕이 있어야만 합니다. 그 둘이 다르다는 데는 의심의 여지가 전혀 없습니다. 왜냐하면 하나는 다른 것의 바탕이며 토대이기 때문입니다. 무엇이 차이점입니까? 당신은 이원성을 볼 때 무엇을 봅니까?

다른 것들, 다름입니다.

그렇습니다. 이 '다름'은 어디에서 왔습니까? 잠을 잘 때 당신은 홀로 있습니다. 잠들 때 잠든 사람은 두 사람이 있을 수 없습니다. 오직 홀로 잠이 듭니다. 당신 이외의 다른 것이 존재한다면, 잠을 잘 수 없고 잠들지 못합니다. 잠들려면 모든 '다름'을 거절해야만 합니다. 잠들기 위해서는 자신의 몸, 마음, 지성을 거절해야만 합니다. 잠을 잘 때는 하나만이 있습니다.

자, 당신은 잠을 잘 때는 혼자입니다. 그 잠에서 당신은 꿈을 꾸는 자를 만듭니다. 그러면 현상계가 다시 나타납니다. 당신은 산, 강, 숲을 봅니다. 이원성이 다시 그곳에 있습니다. 그때 잠이 되돌아옵니다. 그 상태에서는 더 이상 현상계나 이원성은 존재하지 않습니다. 이 상태로 돌아가십시오. 이 이원성은 누가 만들었습니까? 누가? 어디로부터? 이런 현상계는 어디로부터 오게 되었습니까? 누가 그것을 창조하였습니까?

모든 것에는 오직 하나의 근원이 있습니다.

'하나의 근원.' 그토록 많은 것들이 오고 머물고 가는 하나의 장소, 즉 모든 것의 하나의 근원만이 있을 수 있다는 것을 알게 된다면, 이 비밀을 정말로 알고 있다면, 어떻게 이원성과 현상계와 환영들 때문에 어려움을 겪을 수 있겠습니까? 어떻게 그것들 때문에 고생을 하겠습니까? 현상계가 일어나고 머물거나 사라지게 내버려두십시오. 이것은 당신의 모든 드라마, 모든 우주적 유희입니다. 이것을 안다면, 이 모든 것을 안다면, 그 모두를 즐기게 될 것입니다.

(오랜 침묵)

명상할 필요가 없습니다. 단지 이 모든 의심을 제거하는 것이 필요합니다. 일단 의심들이 사라진다면 어떤 것도 할 필요가 없을 것입니다. 호수가 잡초로 무성하면 물을 볼 수 없을 것입니다. 수면에 비치는 당신의 모습을 볼 수 없을 것입니다. 그리고 호수의 바닥도 볼 수 없을 것입니다. 그러나 이 모든 잡초를 제거하면 모든 것이 뚜렷하게 보일 것입니다.

먼저, 사물들을 올바르게 이해하는 것이 절대적으로 중요합니다. 일단 그렇게 이해한다면, 명상은 해도 되고 하지 않아도 됩니다. 그저 이해하십시오. 당신이 누구인가와 같은 중요한 것들을 아주아주 명확하게 이해하십시오. 이것을 이해하지 못한다면, 명상은 그저 마음의 또 다른 장난이 될 것입니다. 그것은 지연시키는 행위가 될 것입니다.

속지 마십시오. 명확하게 이해하십시오. 바로 이것만이 필요한 모든 것입니다. 참으로 고요한 마음으로 어떤 것이든지 할 수 있게 됩니다.

'나'의 탐구는 고요함과 생각 없음이라는 이 둘과 양립할 수 있습니까? 아니면 그들은 서로 다른 두 개의 것입니까?

침묵의 공간은 '나'가 일어나는 발원지입니다. 이 '나'의 근원을 찾아 거기에서 고요해지기를 원한다면, 먼저 그것의 지리적인 위치를 확정하십시오. 어떤 것이 어디에 있는지 위치를 알게 된다면, 그 다음 그곳에 도착하기 위한 최상의 방법을 결정할 수 있게 됩니다. 어딘가로 여행해야 할 때 비행기나 배나 차와 같은 교통수단을 결정하기 전에, 당신은 목적지가 있어야만 합니다. 그리고 그 목적지가 어디인지를 알아야만 합니다. 그 목적지는 얼마나 멀리 있습니까? 출발의 지점은 어디입니까? 이 두 가지 질문에 만족스럽게 답한다면, 여행을 하는 가장 좋은 방법을 결정하는 것은 쉬워질 것입니다.

이제, 이 '나'는 어디에 있습니까? 몸 그 자체에서 시작하십시오. 몸 안의 누군가가 '나'를 말하고 있습니다. 당신은 전 생애에 걸쳐서 이

'나'라는 말을 사용하고 있습니다. 이 '나'는 어디에 있습니까? 그것은 어디에 있습니까? 먼저 "나는 깨어 있다. 나는 꿈을 꾸었다. 나는 잠들었다."와 같은 이 모든 세 가지 상태에 그것이 있다는 사실을 주목하십시오. 그것은 이 모든 세 가지 상태에 지속되고 있지만, 사실상 그것은 어디에 있습니까? 그것의 거주지는 어디입니까? 그것의 거주지를 발견하기를 원하는 자, 이 자는 누구입니까? 이 자는 얼마나 멀리 떨어져 있습니까? 탐구의 목적, 탐구의 대상이 '나'라면, 그는 그것으로부터 얼마나 멀리 떨어져 있습니까? 이런 것들이 발견되고 명확해져야 합니다.

구도자는 구도를 통하여 무엇을 찾고 있습니까? 탐구는 무엇을 하는 것입니까? 이것도 역시 분명히 해야만 합니다. 구도자가 있고, 탐구가 있으며, 탐구의 대상이 있습니다. 먼저 탐구하기를 원하는 자를 찾아내십시오. 이것이 매우 중요합니다.

(이전의 장에서 긴 웃음을 터트린 뉴질랜드에서 온 남자) 그것은 마치 현존이 앎recognition을 찾는 것과 같습니다.

(웃음) 아주 좋습니다. 그렇습니다. 당신은 아주 가까이 왔습니다. 당신은 아주 가까이 오고 있는 중입니다. 그것이 그냥 앎이라는 것을 이해하고 있으므로 당신은 가까이 오고 있습니다.

이 모든 것은 거대하고 텅 빈 공간으로부터 생겨나서 다시 그 속으로 되돌아가 사라집니다.

앎이 아직 온전하게 자리 잡지 않았기 때문에 탐구가 있습니다. 구도자는 이 앎을 찾기 위하여 느리게 움직입니다. 자신을 알아보기 위해서 거울을 들여다보는 것과 같습니다. 당신은 거울을 찾아 거울 속에 비친 자신의 모습을 보고 자기 자신을 인식합니다. 일단 자신이 누구인지를 알게 되면, 거울과 탐구, 탐구할 어떤 대상이 있다는 생각을 버릴 수 있습니다.

앎의 과정에서 아는 '누구'라는 것은 없습니다. 그러나 아무도 이것을 알지 못합니다. 아주 오래 전부터 많은 이들은 명상을 하고자 끊임없이 앉아 있었습니다. 어느 누구도 앎의 과정과 그것의 필요성에 대한 진실을 이야기하지 않았습니다. 기도는 사원에서 행해지고 명상은 수도원에서 이루어집니다. 그러나 어느 누구도 진실을 알지 못합니다. 어느 누구도 진실에 대해서 감히 말하려 하지 않습니다. 모든 이는 양 떼처럼 밟아 다져진 길을 따라 걸어가고 있습니다. 당신은 밟아 다져진 상도를 벗어나야만 합니다. 자기 자신의 길을 선택해야만 합니다. 어쩌면 길이란 전혀 없는지도 모릅니다.

그것은 너무나 광대합니다!

텅 빔 속에서는 어떤 길도 있을 수 없습니다. 어떤 것도 존재하지 않습니다. 당신이 어디를 가든, 텅 빔이 당신을 따릅니다. 그리고 텅 빔이 당신을 안내합니다. 텅 빔이 당신의 옆이나, 위나, 아래에 있습니다. 당신이 텅 빔이 아닌 어디를 갈 수 있겠습니까? 그 텅 빔 속에는 죽음도 다가갈 수 없습니다. 신들조차도 그곳에 다가갈 수 없습니다.

그렇습니다. 바로 그렇습니다.

(웃음) 바로 그러합니다. 이 키위는 매우 강합니다(웃음). 이 키위는 매우 느려 보이지만, 매우 빠릅니다. 저는 당신을 만나 매우 즐거웠습니다. 당신은 처음에 나와의 관계에 대해서 물어보았습니다. 이것이 관계입니다.

저는 질문에 답을 받았습니다.

답! 이것이 유일한 관계입니다. 이 외의 어떠한 영원한 관계도 없습니다. 심지어 신들과도 영원한 관계를 가지지 못합니다. 부모는 당신에게 영원한 관계를 줄 수 없습니다. 사제들 또한 그러합니다. 이것이 당신이 가져야 하는 유일한 영원한 관계입니다. 이것은 피할 수 없는 관계입니다. 이 관계는 당신을 버리지 않을 것입니다. 그리고 당신은 어느 순간에도 그것과 분리되지 않을 것입니다. 다른 모든 관계는 사리사욕을 중심으로 생겨납니다. 모든 다른 관계는 어떤 이익이나 욕망에 의해 생깁니다. 이 관계는 달콤하고 매우 사랑스러우며 아주 아름답습니다. 당신의 사전에서는 이런 관계에 대한 내용을 전혀 찾지 못할 것입니다. 그것은 사전에 없는 것입니다. 저는 그 사실에 대해 아주 확신하므로 이것을 말할 수 있습니다. 이 관계는 어디에도 알려져 있지 않습니다. 모든 다른 관계들은 매우 추하고 깨끗하지 않은 관계들입니다.

저는 당신을 이용하고 싶은 마음에서 출발하여 결국 당신과의 만남으로 끝을 맺습니다.

지금부터는 노를 던져 버리십시오. 강물 속으로 노를 던져 버리십시오. 그리하면 매우 안전한 항해를 하게 될 것입니다. 매우 안전하게 항해를 하게 될 것입니다.

저는 노를 매우 좋아합니다.

미풍이 불 것입니다. 이 미풍이 당신을 돌볼 것입니다. 노를 사용하는 것은 매우 피곤한 일입니다. 미풍이 돌보게 하십시오.

노를 던져 버리는 생각이 일어날 때 두려움이 생깁니다.

지금이 적당한 시기입니다. 제가 "노를 던져 버려라."고 말을 할 때가 그렇게 하기에 적당한 시기입니다.

3

그것은 항상 있는 것입니다

(자신의 어떤 내적 경험에 몰두하여 주위에서 일어나고 있는 일을 전혀 알아차리지 못한 것처럼 보이는 여성에게 말씀하시면서) 우리는 정원을 함께 걷고 있었습니다. 어떤 음악이 연주되고 있었습니다. 저는 당신을 보고 당신에게 말했지만, 당신은 저의 말을 듣지 않았습니다. 당신은 거기서 제 말을 듣지 않은 유일한 사람이었습니다. 당신은 다른 것, 훨씬 더 흥미롭고 매력적인 내부의 어떤 것에 정신이 팔려 있어서 외부의 일에는 신경을 쓰지 않았습니다. 제 말이 맞습니까? 삶은 항상 이처럼 지나갈 수 있습니다. 전혀 발자국을 남기지 않고 삶을 살 수 있습니다.

발자국요?

당신의 마음은 외적인 것에는 전혀 관여하지 않았습니다. 당신은 내면으로 들어갔기 때문에 외적인 것에는 그다지 마음을 쓰지 않았습니다. 이렇게 되어야 합니다. 결국 당신은 외적인 것에 관여하지만 동시에 관여하지 않을 것입니다. 이것이 우리가 받아들여야 할 기법입니다. 그것은 천천히 옵니다.

이번 주 내내 이렇게 느끼고 있습니다.

당신은 아주 부드럽게 말하고 있군요. 여기 와서 앉으세요. 저는 당신이 한 말을 전부 반복해 보라고 말하고 싶지 않습니다.

(가까이 다가간 뒤) 저는 이번 주말에 '수지가 누구지?' 하고 묻는 사람과, 그 과정을 가만히 지켜보기만 하는 또 다른 사람이 있다는 느낌을 받았다는 것을 말하려고 했습니다. 당신이 말씀하시는 게 이것이 아닙니까?

그렇습니다. 이것이 제가 말하고 있는 것입니다. 당신은 공항의 대합실에서 주위의 상황을 지켜보고 있습니다. 계속 지켜보십시오. 대합실에 있는 모든 사람이 흥분해 있습니다. 당신은 이것을 압니다. 사람들이 듣고자 하는 방송이 나옵니다. 대합실이 웅성거리기 시작합니다. 가만히 앉아 있는 사람이 아무도 없습니다. 일이 어떻게 돌아가는지 보십시오. 상황을 지켜보고 원한다면 한마디 하십시오. 그러나 동시에 당신 내부를 맑게 하십시오. 지금이 그렇게 할 때입니다. 당신은 이것에 대해 어디에서도 읽은 적이 없습니다. 왜냐고요? 왜냐하면 그것은 어떤 책에도 없기 때문이죠. 그것은 책에서 읽거나 다른 사람에게서 들을 수 있는 것이 아닙니다.

당신은 맑고 깨끗함을 추구하고 있습니다. 다시 말해 내부에서 알게 된 혼란의 정화를 추구하고 있습니다. 그것은 며칠 더 있어야 올 것입니다. 그것이 오면 당신은 끝내고 갈 수 있습니다. 당신이 말하고 있는 것은 행복한 일입니다. 당신에게 어떤 일이 일어나고 있습니다. 어떤 지시가 주어지고 있고 당신은 그 명령을 따르고 있습니다. 당신은 도구, 즉 자아가 아닌 어떤 힘에 의해 움직이고 있는 도구가 되고 있습니다. 그것은 매우 행복한 삶, 매우 아름다운 삶입니다. 그 삶에는 어떤 책임도 없습니다. 당신은 매우 행복할 것입니다.

저는 자아가 없다고 생각하지 않습니다. 그렇지 않나요? 그것은 아직 여기에 있는 것처럼 느껴집니다.

이 상태에서 그것은 불에 탄 밧줄처럼 됩니다. 그것을 보면, 그 모양은 밧줄의 모양처럼 보이지만 어떤 것에도 쓸 수가 없습니다. 만약 그것으로 다른 것을 묶으려 하면 그것은 손가락 사이에서 분해되어 버립니다. 그것은 거기에 있는 것처럼 보이지만 더 이상 사용할 수는 없습니다.

그렇군요. 저는 그것으로 다른 것을 묶어 보고 여전히 쓸 수 있는지 보려고 합니다.

아무것도 생각하지 마십시오. 그냥 지금 자신으로 머물러 있으십시오. 명상이 계속될 것입니다. 그것은 자신의 일을 할 것입니다. 명상은 계속됩니다. 당신은 봅니까? 그것을 찾고 있습니까?

예. 저는 그것을 찾고……

이것이 명상입니다.

재미있군요. 일종의 어떤 지각…… 같은 느낌……입니다. 재미있군요…… 어떤 특별한 지각이 일어나고 있습니다.

그렇습니다. 그것이 제가 말하는 것입니다. 그것은 명상이지만 이제는 힘이 들지 않습니다. 어떤 집중이 있지만 그것은 어떤 대상에도 애착하지 않습니다. 내부나 외부의 어떤 대상에도 애착하지 않습니다.

당신은 어떤 대상에도 집착하지 않습니다. 알아차렸습니까?

아뇨. 그냥 명상처럼 느껴집니다. 일이 어떻게 돌아가는지 정말 모릅니다.

(웃으면서) 그렇습니다. 이것은 실제 명상과 같습니다. 대개는 감각 대상들에 대한 집착이 어느 정도 있지만, 이 명상에서는 집착할 것이 아무것도 없습니다. 거기에는 어떤 의도도 없습니다. 그것이 중요합니다. 어떤 의도도 없을 때 끊임없는 명상에 있게 됩니다. 당신 스스로 틀림없이 어떤 차이를 느낄 것입니다. 마음은 고요합니다. 이 상태에서는 명상하지 않는다 해도 고요할 것입니다. 당신은 다소 다릅니다. 알아차렸습니까?

예…… 저는…… 제가 지식이라는 것을 느낍니다.

그것이 제가 말하는 것입니다. 이것이 당신에게 알려진 어떤 것입니다. 그것은 당신이 이전부터 가지고 있던 지식이었습니다. 명상하는 법, 앉는 법. 지식이 거기에 있습니다. 그것이 당신에게 다시 돌아오고 있습니다.

저는 아무것도 하지 않았습니다. 앉지도 명상하지도 않았습니다.

이것이 본래의 명상입니다. 당신은 그것을 '하지' 않습니다. 그것은 항상 있는 어떤 것입니다. 그것을 '본래의'란 뜻을 가진 '사하자sahaja'라고 합니다. 이것이 사하자 명상입니다.

사하자?

사하자 명상. 이것이 본래의 상태입니다. 이것은 당신의 자매가 될 것입니다.

빠빠지. 혼란스럽습니다. 당신은 이것에 대해 말하면서 이 변화에 많은 의미를 부여하고 있습니다. 저에게는 그다지 특별한 것 같지 않습니다.

좋습니다. 특별하게 느껴지지 않을 수도 있지만 그렇게 말하는 것이 특별한 것입니다.(웃음) 당신이 여기 오기 전에는 이렇게 말하지 않았습니다. 지금 이 순간 그것은 당신에게 '특별하지' 않지만 만약 당신이 이것을 전에 알았다면, 당신의 말처럼 이 '지식'이 전에 있었다면, 왜 당신이 여기 왔겠습니까?

모릅니다.

지금 당신은 "모릅니다."라고 말하고 있습니다. 전에 당신은 온갖 것을 알았습니다. 당신은 이제 더 이상 얻을 것이 없습니다. 더 이상 얻을 것도, 이룰 것도 없습니다. 이것은 당신의 자연스러운 상태, 아주 자연스러운 상태로 복귀한 것입니다. 대부분의 사람들은 이렇게 할 수 없습니다. 그들은 자기 자신으로 머물러 있기를 원하지 않습니다. 그들은 무엇인가 다른 것, 그들이 아닌 어떤 것이 되고 싶어 하며, 그 때문에 불안해합니다. 좋은 말씀입니다. '무변화'. 이것은 매우 좋습니다.

(아주 긴 침묵)

제가 몇 년 전 리쉬께쉬에 머물고 있을 때 바로다에서 온 여성이 저를 찾아왔습니다. 바로다에 대해 들어 보셨습니까? 그녀의 남편은 석유화학 분야의 엔지니어였습니다. 그녀는 약 50명의 사람들과 함께 리쉬께쉬에 와서 쉬바난다 아쉬람의 요가 과정에 입학했습니다. 이들은 매우 바쁜 일정을 보내고 있었습니다. 이들은 '바로다 하우스'라고 하는 집에서 지내고 있었습니다. 바로다는 한때 독립 국가였으며, 따라서 바로다에서 리쉬께쉬로 온 사람들이 어딘가에 머물 수 있도록 그 왕족의 일원이 이 건물을 지었던 것입니다. 그것은 매우 큰 건물이었습니다.

이들은 매우 바쁜 일정을 보내고 있었습니다. 모두 새벽 5시에 일어나 요가 수업에 출석해야 했습니다. 하루의 대부분은 좌담, 강의, 요가 수업으로 되어 있었지만 오후 1시 이후에는 약간의 자유 시간이 주어졌습니다.

저는 리쉬께쉬의 언덕 위에 있는 사원 소유의 집에 머물고 있었습니다. 그녀는 짧은 자유 시간에 거기로 저를 찾아왔습니다.

그녀는 사원의 사제에게 구내에 거주하는 스와미가 있느냐고 물었고, 그러자 사제는 "당신이 얘기할 수 있는 주황색 가사를 입은 사람은 아무도 없습니다. 그러나 양복을 입고 여기에서 가르침을 주고 계시는 분은 한 분 계십니다. 그분은 가정을 가지고 있는 분입니다. 몇몇 외국인이 그분의 숙소에서 함께 머물고 있습니다. 거기로 가서 그분께 말씀드려 보세요." 하고 말했습니다.

그녀는 사제가 자신을 소개시켜 주기를 원했지만, 그는 "소개는 필요 없습니다. 그냥 가서 그 그룹에 참여하십시오. 아무도 개의치 않습니다."라고 말했습니다.

그녀의 얼굴에는 당신을 떠올리게 하는 뭔가가 있었습니다. 그녀는 먹고 일하곤 했지만 관심은 내부로만 향해 있었습니다. 그녀는 실제로 주위에서 일어나고 있는 일에 대해 잘 모르고 있었습니다. 무엇인가가 그녀를 안으로 끌어당기고 있어서, 그녀는 외부 세상으로부터 많은 것을 흡수하고 있지 않았습니다.

　당시에 저는 7, 8명의 외국인과 함께 있었는데 우리는 영어로 말하고 있었습니다. 인도인 몇 명도 거기에 있었습니다. 이 여성은 역시 쉬바난다 아쉬람의 강좌를 듣고 있던 다른 여러 명의 여성과 함께 제 삿상에 도착했습니다. 그녀는 그 집단의 리더로 보였습니다.

　그녀가 꽤 식견을 갖추고 있는 것처럼 보였던 주제인 요가에 대하여 약간의 예비적인 대화를 나눈 뒤에 그녀는 저에게 "스와미, 어떻게 마음을 조절해야 합니까?" 하고 물었습니다.

　이 질문은 제자들이 수천 년 동안 구루들에게 던져 온 전형적인 질문입니다. 그 모든 기간 동안 그 질문은 한 번도 만족스런 답이 주어지지 않았습니다.

　아르주나도 『기따』에서 똑같은 질문을 받았습니다. 그는 "그것은 바로 공기와 같습니다. 어떻게 그것을 조절할 수 있단 말입니까?" 하고 말했습니다.

　구도자는 누구나 이 특정한 질문에 사로잡히지만 이때 저는 아무런 답도 하지 않았습니다. 대신 저와 함께 머물고 있던 프랑스 출신의 여성에게 새 손님들을 위해 차를 준비해 달라고 했습니다. 질문은 반복되었지만, 저는 다시 아무런 대답을 하지 않았습니다. 차를 다 마신 뒤 그녀는 세 번째로 또 그 질문을 했습니다. 세 번째로 저는 아무 대답도 하지 않았습니다. 그들에게는 시간이 모자랐습니다. 왜냐하면 요가 강좌를 계속 수강하기 위하여 쉬바난다 아쉬람으로 돌아가야만 했기 때문입니다. 그들은 이미 그곳에서 3일을 지내며 이 강좌를 수강했습니다. 그래서 집으로 돌아가기 전에 그 강좌를 끝내야만 했습니다.

그녀는 떠나기 바로 직전에 한 번 더 그 질문을 했고, 저는 한 번 더 침묵을 지켰습니다.

다음 날 아침 일찍 그녀는 혼자 저를 만나러 왔습니다. 그녀는 꽃과 과일을 가지고 왔습니다.

그녀는 꽃과 과일을 저에게 주면서 "답을 찾았습니다. 제가 여기 있을 때 당신께서는 제 질문에 답하지 않으셨지만, 저는 다시 와서 그 질문을 다시 하고 싶었습니다. 그 의문이 계속 저를 괴롭혔기 때문입니다. 한밤중인 새벽 1시 30분경에 누군가가 제 방문을 두드렸습니다. 저는 집단의 한 사람이라고 생각하며 문을 열어 보니 당신이었습니다." 하고 말했습니다.

저는 그날 밤 아무 데도 가지 않았습니다. 이 이야기가 분명히 일어났던 그 시각에 저는 잠들어 있었습니다.

그녀는 계속 말했습니다. "당신께서 제 방에 와서는 저에게 답을 주셨습니다. 이제 저는 만족합니다. 우리는 한 달간의 집단 요가 훈련을 위해 여기에 왔습니다. 우리는 기차 객차 하나를 통째로 예약했습니다. 우리는 모두 함께 기차로 여행할 것입니다. 그러나 저는 집으로 돌아가고 싶지 않습니다. 당신과 함께 여기에 머물고 싶습니다."

저는 그녀가 그 계획을 단념하도록 노력했습니다. "지금 사는 곳에서 계속 사세요. 요가 과정을 마치고 같이 온 사람들과 함께 바로다로 돌아가세요."

그녀는 "돌아가지 않을 것입니다. 당신과 여기에 머물고 싶습니다." 라고 말했습니다.

그녀가 단호히 저와 함께 머물려고 한 것을 알았을 때, 저는 그녀에게 제가 머무르는 아쉬람의 책임자를 만나 보라고 했습니다. 우선 그의 허락이 없이는 누구도 거기에 계속 머물 수 없었기 때문입니다. 책임자가 필요한 허가증을 내준 후에야 그녀는 제 옆 방으로 옮겨 왔습니다. 그 뒤 제 방에 와서 앉아서는 움직이거나 먹으려고도 하지 않았습니다. 그녀는 어떤 내면의 상태에 몰두하여 일상적 일로 방해받기를 원하지 않았습니다. 그녀는 제 말을 들을 수는 있었지만 제 말대로 행할 마음이 없었습니다. 심지어 제가 일을 하라고 하면 저에게 말도 하지 않았습니다.

그녀의 이름은 수만이었습니다. 저는 말했습니다. "수만, 당신은 아무것도 먹지 않고 있어요. 먹어야 해요. 제가 도와드릴게요." 제가 그녀의 손에 음식을 쥐어 줘도 그녀는 손을 입으로 가져가기를 거부했습니다. 그래서 그녀의 팔을 들어 올려 그녀의 손을 입으로 가져다주어야 했습니다. 그녀는 이렇게 하는 것에 전혀 불평하지는 않았지만 스스로 하려고 하지는 않았습니다.

저는 그녀의 입을 벌려 음식을 밀어 넣고는 그녀에게 "이제 제가 할 수 있는 일이 없습니다. 이제 스스로 음식을 씹어 삼키십시오. 그 일은 대신해 줄 수 없습니다."라고 말했습니다.

그녀는 이틀 동안 저를 많이 괴롭혔습니다. 이틀 동안 밤낮으로 거기 앉아 멍하니 허공만 쳐다보고 제 말에 전혀 반응을 보이지 않았습니다. 저는 그녀를 자신의 방으로 돌려보낼 수가 없었습니다. 그녀는 제 방바닥에 앉아 꼼짝도 하지 않으려 했습니다. 그때 거기에는 7 내지 8명이 머물고 있었습니다. 방은 네 개가 있었습니다. 그 중 하나가 제 방이었고 나머지 방들을 나머지 사람들이 나누어 썼습니다. 그 책임자가 저를 알고 있었기 때문에 대개 매년 세 달 동안 이 방들을 제게 내어 주었습니다. 그곳은 산에 있었고 리쉬께쉬 마을에서 떨어져 있어 위치가 좋았습니다.

그녀를 가족이 있는 집으로 돌려보내고 싶었지만 그녀의 현재 상태에서는 제가 모든 준비를 해야 한다는 것을 알고 있었습니다. 그래서 그녀를 데리고 택시를 타고 하리드와르로 가서 바로다로 가는 일등석 열차표를 구매한 뒤 그녀의 아이들에게 줄 과자를 샀습니다. 그리고 강가의 물이 좀 필요한 다른 사람들에게 줄 강가의 물 한 병을 주었습니다. 저는 역에서 그녀에게 뭘 좀 먹이려고 했지만 그녀는 관심이 없었습니다.

그녀는 "더 이상 돈은 필요 없습니다. 여행에 필요한 5루삐만 있으면 됩니다. 택시는 그냥 타서 집에 도착하면 제 가족이 요금을 지불하면 됩니다. 이제 제가 가진 모든 것은 당신의 것입니다. 모두 받아 주시기를 원합니다.”고 말하면서 자신이 가진 모든 돈을 저에게 주려고 했습니다.

저는 그것을 받기를 거부했습니다. 그리고 그녀가 스스로를 돌볼 수 있을 정도의 몸 상태가 아니라는 것을 알았기 때문에 그녀와 일등 칸을 함께 타고 가는 남자에게 말을 걸었습니다. 저는 이미 그녀 가족의 전화번호를 알고 있어서, 그 전화번호를 그 남자에게 주었습니다.

저는 “기차가 바로다에 도착하면 이 번호로 전화를 해서 그녀를 데려가게 좀 해주세요. 그렇지 않으면 그녀는 방황하다 길을 잃을 것입니다.”라고 말했습니다.

그 남자에게 수만은 자신을 돌보는 데 문제가 있다고 설명하자 그는 가족이 바로다에서 그녀를 데려갈 때까지 돌보겠다고 약속했습니다. 기차는 바로다에서 20분 동안 정차하기 때문에 모든 준비를 하기에 시간이 충분했을 것입니다.

그가 “그녀가 먹을까요?”라고 묻기에, 저는 “당신이 그녀의 손에 음식을 쥐어 주고 입에 넣어 씹어 삼키라고 말하면 그녀는 아마 그렇게 할 것입니다. 그렇지만 먹지 않는다 해도 걱정하지 마십시오. 가족이 올 때까지 별 탈 없이 견딜 수 있습니다. 육체적으로는 문제가 없습니다. 그녀는 지금 마음이 비어 있는 상태일 뿐입니다. 관심이 딴 데로

가 있을 뿐입니다." 하고 답해 주었습니다.

모든 일이 계획대로 되어 그녀는 안전하게 집에 도착했습니다. 남편이 저에게 전보를 보내 그녀를 집으로 돌려보내느라 고생한 것에 감사한다고 말했습니다. 그는 심지어 제게 자신들의 집으로 와서 함께 지내자고도 했습니다. 수만이 그에게 제가 오지 않으면 집을 나와 저를 찾겠다고 말한 것이 분명했습니다.

이것은 매우 드문 경우였습니다. 스승의 말을 듣고 즉각 이해한 어떤 사람의 경우였습니다. 그녀는 "마음을 어떻게 조절합니까?"라는 가장 중요한 문제를 가지고 와서는 제가 아무 말도 하지 않았는데도, 더 이상 마음을 조절할 필요가 없는 상태를 경험했습니다. 그것은 머무름이 전혀 없는 상태, 즉 마음이 어디에도 머물지 않는 상태입니다. 이와 같은 사례는 두세 번 있었습니다. 흔히 있는 일은 아닙니다.

저는 남편의 초대를 수락하여 그들에게 가서 15일을 함께 지냈습니다. 그리고 나서 그녀를 봄베이로 데려갔는데, 봄베이에서 저는 다른 몇 명의 헌신자를 방문했습니다.

이러한 일은 종종 매우 빠르게 일어나기도 하고, 어떤 사람들에게는 전혀 일어나지 않습니다.

결코 끝나지 않는 탄생과 죽음의 순환이 있습니다. 탄생은 무엇이고, 죽음은 무엇입니까? 탄생과 죽음은 욕망입니다. 결코 끝나지 않는 이 순환은 욕망이 연료를 제공하는데, 욕망은 몸속에서 감각 대상들을 즐기는 욕망입니다. 욕망이 중지하면 이 순환도 중지합니다. 이 끝없어 보이는 탄생과 죽음의 순환은 욕망의 중단과 함께 끝납니다. 끝나는 것은 탄생과 죽음뿐만이 아닙니다. 욕망이 사라지면 우주 자체도 사라집니다. 그것은 마치 존재하지 않았던 것과도 같습니다. 본래 그렇습니다.

(새 질문자) 저는 마음에 대해 의문을 가지고 있습니다. 오늘 아침 마음은 단순히 우리가 관계를 끊을 필요가 있는 어떤 것만은 아니라는 생각이 들었습니다. 마음은 제가 가야 할 곳은 어디든지 데려갈 수 있는 것 같습니다.

마음은 적도 될 수 있고 친구도 될 수 있습니다. 묶는 것이 마음이며 풀어주는 것도 마음입니다. 마음이 일시적이고 비영구적인 대상에 집착하면, 이 마음은 묶는 마음입니다. 이 마음은 적인 마음입니다. 그러나 어디에도, 어떤 대상에도 머물지 않는 마음은 당신의 친구인 마음입니다. 이 마음은 풀어주는 마음입니다. 그 모든 것은 당신에게, 즉 당신이 마음속에서 어떤 종류의 사람들과 교제하느냐에 달려 있습니다. 마음은 당신을 파괴할 수 있지만 큰 도움이 될 수도 있습니다. 마음에는 엄청난 힘이 있는데, 그 힘을 당신은 이용할 수 있습니다. 마음이 쉬고 있을 때 그것은 우리에게 평화를 줍니다. 그러나 불안할 때는 이 모든 삼사라, 이 고통, 이 지옥을 만들어 냅니다. 평화로운 마음은 천상을 지상으로 가져옵니다. 평화로운 마음은 모든 곳에 평화를 가져다줍니다. 그 상태에서는 당신이 어디를 걸어가더라도 그곳은 모두 천상이 될 것입니다. 이것이 마음입니다.

제 생각에는 선택권이 있는 것 같습니다. 마음은 천상을 만들어 낼 것인지 아니면 지옥을 만들어 낼 것인지를 결정할 수 있습니다. 주어진 어떤 순간에도 선택권은 있습니다.

그렇습니다. 그것은 당신 자신의 선택입니다. 당신은 이러한 일들을 스스로 결정해야 합니다. 당신은 "나는 묶여 있다. 나는 고통을 겪어야 한다."고 결정할 수 있는데, 그러면 이것은 삼사라를 만들어 냅니다. 또, 당신은 "나는 평화를 원한다. 나는 자유를 원한다. 나는 행복을 원한다. 나는 사랑을 원한다."라고 말할 수 있습니다. 이 방향으로 움직일 때 당신은 정말 아름다운 선택을 한 것입니다! 그 선택을 하십시오! "나는 자유를 원한다! 나는 자유로워지기를 원한다! 나는 행복을 원한다! 나는 사랑을 원한다!" 지금, 오늘 아니면 최소한 일생 중 어느 한 시점에 그렇게 하십시오. 선한 마음, 호의적인 마음을 가지십시오.

(새 질문자) 마음이 머물지 않을 때도 마음은 여전히 존재합니까?

그렇지 않습니다. 어떤 욕망이 마음속에서 일어날 때, 그 욕망과 함께 감각 대상들을 즐기려는 의도가 일어납니다. 이런 일이 발생할 때 당신은 감각 대상들의 향락에 빠져듭니다. 그때 마음은 감각들을 통해 작용합니다. 감각들은 즐길 수 있는 대상들에게로 옮겨갑니다. 이 모든 일은 욕망과 의도가 일어나면 나타납니다. 당신의 의도는 마음을 다양한 향락들을 위한 대리인으로 만듭니다. 이 모든 것들 가운데에는 자아, 즉 대상들을 찾아 즐기고 있는 자가 있습니다. 만약 자아가 정지하면, 마음 그 자체는 일어나지 않습니다. 그것은 어떤 문제도 일으키지 않습니다. 그것은 어디에도 머물지 않으며, 머물 곳이 없어지면 그 근원으로, 마음이 없는 곳으로 돌아갑니다. 그곳에는 마음이 전혀 없을 것입니다.

당신은 이 마음이 없이도 기능을 다 할 수 있습니다. 마음 없이도 기능을 매우 잘할 수 있습니다. 오늘 이른 아침에 이 여성은 이것이 어떻게 작용할 수 있는지에 대해 대화하고 있었습니다. 그녀는 마음 없음이 작용하는 상태에 대하여 대화하고 있었습니다. 당신은 무엇이라고 말했습니까? 다시 말해 주시겠습니까?

(빠빠지에게 수만을 상기시킨 여자) 저는 연기자와 그 연기를 보는 관객이 있다고 말하고 있었습니다.

그렇습니다. 이것이 그 존재 방식입니다. 좀 더 설명해 줄 수 있습니까?

그것은 같은 사람 속에 마치 한 사람의 연기자와 한 사람의 관객이 있는 것 같은 느낌입니다. 그리고 그 몸이 그냥 혼자서 연기하는 것 같습니다.

몸은 연기를 하고 있으며 관객은 그것과는 다릅니다. 몸은 직접적인 지시를 받고 있지만, 자아를 통해서는 아닙니다. '내가 행위자'라는 생각은 없습니다. 행위자가 없을 때는 자기 행위에 대한 책임이 없습니다. 이 상태에서는 어떠한 까르마도 만들어지지 않습니다. 이것이 마음 없음입니다. 당신은 이 마음이 없어도 아주 잘 일할 수 있습니다.

(새 질문자) 마음은 그 뒤에 왜 다시 일어납니까?

만약 이 상태에서 방심하지 않고 주의를 기울인다면, 다시 일어나는 것은 마음이 아닙니다. 다른 어떤 것이 그 자리에서 일어날 것입니다. 그 '다른 것'은 무엇일까요? 이제 당신만이 마음에 대해 압니다. 당신은 그 너머에 무엇이 있는지에 대해서는 모릅니다. 마음이 사라졌을 때, 마음이 중지되었을 때, 당신은 더 이상 욕망을 가지지 않으며,

욕망이 없을 때 당신은 근원으로 돌아갑니다. 그 근원에서 다른 무엇이, 즉 당신이 이전에 알지 못했던 무엇이 당신을 움직일 것입니다. 그것은 쁘란냐^prajna, 즉 지혜라고 할 수 있습니다. 그것은 당신을 돌볼 것이고, 그 소임을 매우 잘 해낼 것입니다. 쁘란냐가 당신의 삶을 운영할 때 당신은 단지 그 도구가 될 것입니다. 이 이야기는 『기따』에서 잘 설명해 놓았습니다. 아르주나는 스승의 발아래에 마음을 복종시킨 뒤 쁘란냐에게 그의 행위를 하도록 허락했습니다. 싸우라는 명령은 크리슈나의 직접적인 명령으로 시작되었습니다. 그 명령은 아르주나를 통해 수행되었고 그는 명령에 따라 전투를 무사히 치렀습니다. 신의 이 말씀 즉 신의 명령을 받는 이 상태는 자유를 얻은 후에야 비로소 알 수 있는 것입니다.

4

욕망은 마음에 인상을 남길 때만
문제가 됩니다

저 자신에게 욕망이 없다는 것을 확신하는 것은 꽤 쉽지만, 그것이 진실인지는 어떻게 알 수 있습니까? 제게 지금 무언가가 필요하다면, 그것이 필요에 의한 것인지 욕망인지를 어떻게 알 수 있습니까? 예를 들어서 제가 무엇인가를 먹고 있다고 가정해 보죠. 저는 약간의 음식을 먹었고, 조금은 배가 고프다고 여전히 느끼고 있는 상태라면 조금 더 먹는 쪽을 택할 수도 있습니다. 여기에서 조금의 음식을 더 먹는 것이 필요에 의한 것인지, 혹은 욕망인지를 어떻게 구별할 수 있습니까? 저 자신은 생존하기 위하여 먹을 필요가 있다는 것을 확신할 수 있지만, 진짜 필요로 한 것이 그 경계를 넘어 자기 탐닉의 욕망으로 넘어가는 때는 언제입니까?

배가 고프면 먹습니다. 목이 마르면 마십니다. 이런 것은 욕망이 아닙니다. 당신은 먹고, 마시고, 그러고는 그 사실에 대해 잊게 됩니다. 이틀 전 점심으로 무엇을 먹었는지를 기억합니까? 기억을 못한다면, 어떠한 욕망도 가미되지 않습니다. 그것은 그냥 당신이 한 일이며, 그 일은 필요에 의해 한 것이라 곧 잊어버린 것입니다.

사실 저는 그 특정한 식사에 대해서는 기억하지 못하지만 매일 같은 것을 먹는 경향이 있어, 그 식사 때 무엇을 먹었는지에 대해선 추측을 잘 할 수 있습니다.

이것 역시 마찬가지입니다. 만일 당신이 매일 같은 것을 먹는다면, 그것은 욕망이라 할 수 없습니다. 매 순간 숨을 들이쉬고 있지 않습니까? 여기에 문제가 있습니까? 숨을 들이쉬기 전에 숨을 들이쉬려는 욕망을 냅니까? 숨을 들이쉬는 것을 잊는다면 어떤 일이 일어나겠습니까?

아마도 죽게 되겠지요.

그래서, 숨을 들이쉬는 것은 가장 중요한 필요입니다. 이 하나를 충족시킬 때까지는 다른 것들을 충족시키기 위한 시작도 할 수가 없습니다. 하지만 욕망이란 사실상 마음속에 새겨 두고 있는 그 무엇이며, 그것을 충족시키는 데 약간의 어려움이 있기에 당신을 괴롭히는 것이기도 합니다. 욕망이란 기억 속에 머물고 있는 것입니다. 이것은 제거할 수는 없는 것입니다. 호흡은 자동적으로 진행되는 것이기에 이것과는 다른 것입니다. 호흡은 당신에게 "내 호흡에 대한 욕구를 채워라."고 말하며 성가신 잔소리를 하지 않습니다. 음식도 다소 유사하다고 하겠습니다. 배고픔을 느낄 때, 입에 음식을 집어넣고, 그것을 삼키며, 그것에 대해 잊게 됩니다. 음식이 뱃속으로 들어가게 되면, 그것에 대해 잊게 됩니다.

채워지지 않는 욕망이란 당신을 괴롭히게 될 욕망들입니다. 기억 속에 자리 잡은 욕망은 문제를 유발하게 됩니다. 욕망은 항상 자기를 밖으로 밀어내어 "난 이것을 가져야만 해, 나는 이것을 가져야만 해."라고 말합니다. 충족되지 못한 욕망을 채우려는 압력 때문에 이 현상계가 나타납니다. 이것이 삼사라입니다. 이것이 우리 모두가 또 한 번의 탄생을 통하여 다시 여기에 있는 이유입니다. 만일 욕망이 없다면 당신은 태어나지 못했을 것입니다. 이 욕망 때문에 거듭 몸을 가지고 태어납니다. 욕망은 애착이며, 애착은 우리에게 끝없는 문제를 불러일으킵니다. 욕망을 완전히 잊는 것이 더 좋습니다. 기억 속에 머물도록 해서는 안 된다는 것입니다.

삶의 필요를 충족하는 것은 당신에게 어떠한 문제도 일으키지 않을 것입니다. 문제를 일으키는 것은 다른 요인들입니다.

예, 욕망들을 충족시키는 것은 끝없는 고통의 원인인 것 같습니다. 그
것은 언제나 날카로운 일격을 가하며, 거듭 욕망들을 채우기 위하여
저를 내몰고 있습니다.

욕망들은 마음속에 인상을 남길 때만 문제가 됩니다. 위험한 것은
욕망들 그 자체가 아니라 그것이 남기는 인상들입니다. 새는 하늘을
날아갈 때 공중에 흔적을 남기지 않습니다. 물고기는 헤엄칠 때 물 표
면에 어떠한 흔적도 남기지 않습니다. 만일 우리가 마음에 어떠한 인
상들이나 발자국들을 남기지 않고 살아갈 수 있다면, 우리에겐 전혀
문제가 없을 것입니다. 이 발자국들이 문제가 되는 것이지 욕망 그 자
체가 문제가 되지는 않습니다. 당신은 마음속에 생각들을 차곡차곡 저
장해 둡니다. 따라서 "이렇게 했어야 했는데. 그렇게 하지 말았어야 했
는데." 등과 같은 말을 하게 됩니다. 이것들이 바로 당신을 거듭하여
이 세상일에 말려들게 하는 발자국들입니다.

제자와 함께 숲 속을 걷고 있던 스승이 있었습니다. 폭우가 좀 있었
던 탓에 작고 얕은 시냇물이 불어나 훨씬 더 깊은 강이 되어 버렸습니
다. 두 사람은 옷을 어깨에 걸치고 강을 건널 준비를 하였습니다. 마침
그 강둑에는 강 건너편으로 건너가지 않으면 안 되는 매춘부가 한 명

있었습니다. 그녀는 결혼식에서 춤추기로 예약되어 있었기 때문입니다. 그 여자는 완전한 무도회 의상을 입고 있었으며 강물이 목까지 오는 깊이였기에 건너지를 못하고 있었습니다. 스승은 그 여자를 업고서 강 건너편으로 간 후 내려놓았습니다. 그 여자는 갈 길을 갔고 제자와 스승 역시 가던 길을 계속 갔습니다.

제자는 스승님이 한 일에 대해 매우 걱정을 하고 있었습니다. 그는 "스승님은 나에게 절대 여성에게 손을 대서는 안 된다고 말씀하셨지만 그분은 매춘부를 업어서 이 강을 건네주었다."라고 속으로 생각했습니다. 이러한 생각은 꽤 오랫동안 그를 괴롭혔습니다.

마침내 10마일 정도를 걸어간 뒤 그는 스승에게 돌아서서 말했습니다. "스승님, 질문 하나 해도 되겠습니까?" 스승님은 "그래."라고 했습니다.

"스승님께서는 저에게 결코 여자를 만지지 말라고 하셨잖습니까?"

"그랬지."

"그러면 스승님께서 이 강을 건너게 해준 그 여자는 어떻습니까? 그녀는 매춘부였지만 스승님께서는 업고서 강을 건네주셨지 않습니까?"

스승은, "그 여자는 도움을 원하고 또 필요로 하고 있었다. 그녀는 일을 하러 강을 건너야 할 필요가 있었다. 우리의 도움이 없었다면 그녀는 강을 건널 수 없었을 것이다. 나는 그녀를 업고서 강을 건너게 해주었다. 나는 내 할 일을 했고, 그녀를 내려놓고는 그 일에 대해 까맣게 잊고 있었다. 너는 왜 아직도 그녀를 업고 있느냐? 나는 그녀를 수 마일 전에 내려놓았는데."라고 대답했습니다.

매춘부는 여기에서 욕망을 가리킵니다. 스승은 필요한 일을 한 것이며, 다음에는 그것에 대해 다 잊은 것입니다. 제자는 그 사건에 대한 생각, 즉 발자국을 머릿속에 두고 있었으며, 이러한 생각들 때문에 10마일을 걸어오면서 고통을 받은 것입니다. 만약 어떤 일을 할 필요가 있다면, 그 일을 하고 잊어버리십시오. 그 이후에 그 일에 대한 생각을 가지고 다녀서는 안 됩니다. 이렇게 머릿속에 오래 머물고 있는 생각들이 당신을 삼사라로 다시 태어나게 하고, 끝없이 순환하는 생사 윤회의 바퀴로 다시 태어나게 합니다. 발자국들을 남기는 욕망이 있을 때마다 삼사라는 존재합니다. 이러한 종류의 욕망이 있는 곳에 속박이 있습니다. 자유는 욕망이 전혀 없는 곳에 있습니다. 이러한 욕망이 없는 상태가 니르바나요, 니르바나의 순수한 상태입니다. 니르바나란 '욕망이 없음'을 의미합니다.

욕망을 가지지 않는 것이 생각이 없음을 의미하는 것입니까? 욕망들이 없는 곳에 도달하면 생각들이 떠오릅니까? 아니면 생각들이 없어집니까?

생각 그 자체는 욕망입니다. 생각은 어떤 것에 대한 이전의 욕망 때문에 일어납니다. 욕망과 생각은 함께 일어납니다.

추상적인 사고는 어떻습니까?

추상적인 사고란 어떤 것입니까? 추상적인 사고란 "나는 니르바나이다. 나는 생각이 없다. 나는 자유롭다."와 같은 것입니다. 이것이 추상적인 사고입니다. 추상적인 사고란 생각이 없음입니다. 생각이 없는 상태가 추상적인 사고입니다. 그러면 왜 생각이 있어야 하겠습니까?

당신께서는 "발자국들을 남기지 말라."고 하셨고, 저는 그 말씀의 지혜를 이해할 수 있습니다. 그것이 살아가는 올바른 완벽한 길인 것처럼 들립니다만, 이미 존재하였던 발자국들은 어떻게 해야 합니까? 제 기억은 그러한 것들로 가득 차 있습니다.

그렇습니다, 기억은 여전히 남아 있습니다. 하지만 동시에 당신은 이러한 니르바나의 세상을 동경하지 않습니까? 그러한 동경이 당신 손에 있는 촛불, 당신 손에 있는 불꽃, 당신 손에 있는 횃불이 되도록 하십시오. '나는 자유롭고 싶다.'는 횃불이 당신의 손에 있습니다. 그러한 욕망들로 가득 차 있는 방으로 들어가면 다음에 어떤 일이 일어나겠습니까?

그것들을 보게 됩니다.

당신이 손에 쥐고 있는 이 횃불은 단지 보기 위해 있는 것은 아닙니다. 이것은 또한 태우기 위한 것이기도 합니다. 당신이 욕망을 본다면, 그것은 탈 것입니다. 계속 하십시오. 그렇게 하십시오. 기억의 이 방 안에서 볼 수 있는 어떠한 욕망과 좋아하는 어떠한 생각이라도 집어 들고서 그것을 앞에 놓고 바라보십시오. 서두르십시오! 당신은 횃불을 쥐고 있습니다. 그것으로 기억 속에 있는 것을 비추십시오.

제가 당신에게 바라는 것을 이해해야 합니다. 그 불타는 횃불을 손에 들고 있을 때, 당신 앞에 있는 생각은 불이 붙습니다. 생각은 불이 붙어 타게 되는 것이지요. 당신 앞에 있는 것을 보십시오. 무엇이 보입니까?

욕망 그 자체가 보입니다. 횃불로 비추니 그것이 보입니다.

당신은 아직 그렇게 하지 않았습니다. 다시 설명을 하겠습니다. 횃불을 손에 쥐십시오. 생각이나 욕망을 앞에 두고 그것이 무엇인지를 보십시오. 제가 당신에게 원하는 것을 다시 설명하겠습니다. 손에 횃불을 쥐고, 마음속에서 당신 앞에 떠오르는 대상에 그 횃불을 비추십시오. 만일 그것이 수건이라면, "수건이 보입니다."라고 말하십시오.

앞에 어떤 생각이 떠오르더라도 그냥 그것을 말하십시오. 추측을 하라 거나 어떠한 철학적인 답을 달라고 하는 것이 아닙니다. 단지 당신이 불평하고 있던 기억의 저장고 속으로 햇불을 비추어 무엇이 보이는지 를 말해 달라는 것뿐입니다.

당신은 이것을 마치 풀어야 할 퍼즐인 양 생각하고 있습니다. 하지 만 그렇지 않습니다. 저는 단지 당신에게 보이는 것을 말해 달라는 것 뿐입니다. 당신이 말하듯이, 만일 당신에게 옛날의 생각들로 가득 찬 기억이 있다면, 그 중 하나를 찾는 것은 어렵지 않을 것입니다. 말해 보십시오! 언제나 수천 가지 생각이 주의를 끌려고 싸우고 있을 것입 니다. 그 중 하나를 골라서 앞에 내려놓고, 그것을 바라본 뒤, "이것이 제게 보이는 생각입니다."라고 말해 주십시오. 자, 어서 말해 보십시 오. 왜 이렇게 시간이 걸립니까?

아…… 스승님께서 원하시는 것은 한 개의 생각뿐입니까…… 스승님 께서 정확하게 원하시는 것이란……

바로 그것입니다. 똑바로 들으십시오. 제가 지금 말한 것을 속으로 반복한 뒤, 대답하십시오. 다른 사람들의 시간을 낭비하지 마십시오. 이 햇불을 손에 들고 비추어 그것이 비추는 것을 말하십시오. 마음 제 일 앞에 있는 생각은 무엇입니까?

생각이 없습니다.

바로 그것입니다. '생각 없음.' 당신은 그것이 어렵다고 하였습니다. 만일 당신이 이 횃불을 들고 생각이나 욕망을 찾는다면, 모든 것은 다 사라질 것입니다. 이것이 니르바나의 상태입니다. 그것 말고는 어떤 것이 니르바나라 할 수 있겠습니까? 거기서 당신은 생각을 하지 않습니다. 생각이 없어지면, 시간도 없어집니다. 시간 없음은 마음이 없음을 의미하고, 마음 없음은 기억이 없음을 의미하며, 기억 없음은 저장된 불필요한 자료가 없다는 것을 의미하며, 저장된 자료가 없다는 것은 삼사라가 없음을 의미하며, 삼사라가 없다는 것은 생과 사의 순환이 없음을 말하는 것이며, 생과 사의 순환이 없다는 것은 고통이 없다는 것을 의미합니다. 이것이 바로 지금 이 순간에 그 모든 것을 끝내는 방법입니다. 시간도 전혀 걸리지 않는 일입니다. 지금 당장 그렇게 할 수 있습니다.

(새로운 질문자) 그 횃불을 들고 있을 때, 저는 건강해지고 싶은, 몸에 아무런 고통이 없기를 바라는 욕망을 봅니다. 그러한 욕망은 어떻게 해야 합니까?

괜찮습니다. 그러한 욕망은 가져도 좋습니다.

이런 것은 가져도 된다고요?

몸은 외부에 있는 것입니다. 건강을 유지하며 건강해지려는 욕망을 가지는 것은 문제를 일으키지 않습니다.

그리고 당신이 이러한 건강을 가지게 될 때, 당신이 가지고 있는 것을 보십시오. 그것을 주의 깊게 살펴보고 자신에게 물어보십시오. "이 몸이란 무엇인가? 몸은 내부의 것인가, 외부의 것인가?" 이 몸의 근원이 무엇인지를 알아내십시오. 당신은 "나는 몸을 가지고 있다."고 말합니다. 이 말의 근원은 무엇입니까? 몸을 가지고 있다고 말하는 이 '나'는 무엇입니까? 당신과 이 몸의 관계는 무엇입니까?

제가 몸입니다.

그러고는 당신은 "나는 건강한 몸을 가지고 싶다."라고 말합니다.

그렇습니다. 저는 건강한 몸을 원합니다.

좋습니다. 그러면 다시 "이 몸을 소유하고 있는 이 '나'는 누구인가?"라는 질문으로 돌아가 봅시다.

몸을 소유하고 있는 '나'는 현재 건강합니다.

이 '나'에게로 돌아가서 좀 더 알아보도록 합시다. 그것은 당신에게 매우 큰 도움을 줄 것입니다. 이 '나'에게로 돌아가면 아주 건강한 몸을 볼 수 있을 것입니다. 그곳으로 가서 스스로 보십시오. 이 질문의 원천으로 돌아가면, 당신은 그것의 답을 얻을 것입니다. '나'에게로 돌아가십시오. 천천히 그곳으로 돌아가십시오. 당신은 "나는 건강한 몸을 원한다."로 시작합니다. 그것을 원하는 '나'에게로 돌아가서 무엇이 거기에 있는지를 보십시오. 당신은 이것으로부터 무엇을 얻을 수 있습니까? 천천히 하십시오. 우선 제 말의 뜻을, 즉 제가 무슨 말을 하고 있는지를 이해하도록 하십시오. '나'가 주어이며 "건강한 신체를 원한다."는 술어입니다. 저는 당신에게 주어와 함께 머물고 술어를 무시하라는 말을 하는 것입니다. 이 '나'로 시작하십시오. 그것의 근원으로 돌아가 탐구를 끝내도록 하십시오. 이를 위해 명상을 할 필요는 없습니다. 그냥 당신이 나타났던 길을 따라 그대로 되돌아가십시오. 당신이 나왔던 대로, 그 같은 길로 되돌아가십시오.

좋습니다. 몸이 건강한 '나'를 필요로 합니다.

좋습니다. 이제 이 '나'는 건강한지 병들었는지를 알아보십시오. 이

'나'는 어떠합니까? 병든 '나'입니까, 아니면 건강한 '나'입니까?

건강합니다.

만일 그것이 건강하다면, 저는 당신에게 이 '나'가 모든 것이라고 말할 수 있기 때문에, 모든 것이 건강합니다. 당신이 건강하다고 말하는 이것, 즉 이 '나'를 붙들고 놓지 마십시오. 만일 당신이 그 밖으로 나온다면, 아마 고통과 질병, 불행과 죽음이 따르게 될 것입니다. 그냥 그 밖으로 나와서 무엇이 일어나는지를 보십시오.

제가 그 밖으로 나오고 싶어 하는 것 같지는 않습니다.

당신이 이 편지를 저에게 쓰지 않았습니까? 이 편지에서 당신은 어떻게 감사를 해야 할지 모르겠다는 말을 하지 않았습니까? 당신은 "감사를 표할 길이 없습니다."라고 하였습니다. 그래서 당신은 말들이 필요가 없었습니다. 그것이 최고의 표현입니다. 침묵은 최고의 표현이며 최고의 상태입니다. 그것으로 산다는 것은 매우 드문 상태입니다. 당신은 "감사를 표할 말들을 찾을 수가 없습니다."라고 하였습니다. 만일 당신이 그 침묵 속에 있다면, 어떠한 말도 필요치 않습니다. 지금까지 사전에서 발견된 그 어떤 말도 이 침묵이라는 감사를 표현할 수 있는 말이 없습니다.

사람들은 "태초에 말씀이 있었다."고 합니다. 말은 바로 태초로 돌아갑니다. 그리고 그 진술은 계속해서 "그리고 그 말씀은 신이었다."고 말합니다. 그래서 신은 곧 말씀입니다. 하지만 말들 너머에, 즉 단지 하나의 말이기도 한 신 너머에, 어느 누구도 말하지 못하는 또 다른 것이 있습니다. 모두가 말을 사용하며 모두가 신이나 혹은 어떠한 다른 말에 대해서 말할 수 있지만, 그것은 진정한 경험이 아닙니다. 진정한 경험 속에는 어떠한 말도 존재하지 않습니다. 만일 당신이 이러한 침묵을 발견했다면, 어떠한 말도 필요 없을 것입니다. 그곳은 있기에 매우 좋은 곳입니다. 그것은 당신에게 충분한 것이 될 것입니다.

(긴 침묵)

"나는 자유롭다."라는 것은 건강한 사고입니다. 이 생각을 계속 지니고 있으면 모든 것이 즉시 건강해질 것입니다. 그렇지 않다면 모든 사람이 고통에 시달릴 것입니다. 항상 당신을 바쁘게 사로잡는 다른 생각들은 진정한 건강을 가로막는 질병일 뿐입니다. 이러한 질병을 피하기 위해서는 "나는 자유롭다." "나는 니르바나에 있다."와 같이 오로지 이러한 자유에 대한 생각을 간직하고 계십시오. 건강한 마음은 또한 몸을 건강하게 만들어 줄 것입니다. 그리고 건강한 마음을 위해서는 "나는 자유롭다."는 생각을 가지십시오. 이것이 가장 건강한 생각입니다.

당신이 "나는 몸이다."라고 말할 때, 이것은 병든 생각입니다. 만일 이와 같이 생각한다면, 당신은 묘지에 살고 있는 것과 같습니다. 모든 몸은 언젠가는 묘지로 돌아가지 않습니까? 이와 같은 "나는 몸이다."라는 생각을 가지고 있을 때 당신은 묘지에 살고 있는 것이지만, 반대로 "나는 몸이 아니다."라는 생각은 아주 건강한 생각입니다. 왜 나쁜 생각들을 해야 합니까? 만일 당신이 생각할 수 있는 마음을 가지고 있다면, 그것을 좋은 생각을 하는 데 사용하도록 하십시오. "나는 자유롭다."라는 이 생각보다 더 나은 생각은 없습니다. 만일 "나는 자유롭다."라는 이러한 생각을 고수할 수 없다면, 그 대신에 들어오는 다른 생각들이 당신을 고통 속에 빠트릴 것입니다. 그러므로 당신에게는 이 선택권이 있습니다. 어느 길로 가야 할지 선택하는 것은 당신에게 달려 있습니다. 당신은 당신이 생각하는 대로 되며, 당신이 생각하고 있는 것이 바로 당신입니다. 만일 마음이 "나는 속박되어 있다."라고 결정한다면, '속박'이 바로 당신의 정체입니다. 하지만 마음이 "나는 자유롭다."라고 결정한다면, '자유'가 바로 당신의 정체입니다. 그것은 전적으로 당신의 결정에 있습니다.

그것은 아주 극소수의 인간에게만 한정된 아주 드문 선택입니다. 60억의 인간과 무수한 다른 생명체들이 있습니다. 우리의 수효는 아주 극소수이지만, 얼마나 많은 모기들이 있겠습니까? 얼마나 많은 바다 생물들이 있습니까? 얼마나 많은 벌레들과 또 세균들이 있습니까? 얼마나 많은 사람들 혹은 존재들이 이러한 선택을 합니까? 60억의 사람들과 무수히 많은 동물들 중에서 과연 얼마나 많은 수가 진정으로 자유를 갈망하고 있습니까? 그 수가 어느 정도이겠습니까? 저는 어림잡아 스무 명 정도 있다고 말하겠습니다. 그것은 아주 적은 수이며 이들은 정말 행복한 사람들입니다. 이들은 엄청난 행운과 엄청난 과거의 공덕을 가지고 있는 사람들입니다. 그만큼 많은 공덕을 가지고 있을 때에만 자유를 갈망할 수 있는 것입니다.

(새로운 질문자) "나는 자유롭고 싶다."는 말도 일종의 애착이 아닙니까? 만일 진정으로 자유롭다면, 그것에 대해 생각하거나 말할 필요가 없는 것이 아닙니까? "나는 자유롭고 싶다."는 한 가지 생각이 사람을 자유의 상태로 데리고 갈 수 있다고 말하지만, 이 생각에 항상 집착하는 것도 또 다른 집착은 아닙니까?

이 생각은 다른 애착들이 떨어져 나갔다는 표시나 징후입니다. 당신이 과거, 현재, 미래의 모든 것으로부터 떨어지게 될 때만이 이 생각이 일어납니다. 어떻게 이 생각이 일어날 수 있습니까? 그것은 다른 모든 생각들이 다 소각된 후에만 일어납니다. 다른 생각들이 다 떨어져 나간 뒤에 이런 일이 일어나면, 거기에는 멈출 수 없는 힘이 있어 그 힘이 당신을 목표까지 데려다 줍니다.

붓다의 경우를 보십시오. 왕자가 한밤중에 궁전에서 잠들어 있고 그 왕국에서 가장 아름다운 여성이 그의 옆에 누워 있습니다. 그가 침대에서 빠져나올 때 이런 생각이 일어납니다. "나는 자유롭고 싶다." 그러한 생각이 일어난 것은 다른 생각들이나 다른 애착들이 더 이상 그를 지배하지 않았기 때문입니다. 그는 부와 젊음과 건강과 안락한 삶, 아름다운 아내를 가졌지만 "나는 자유롭고 싶다."라는 생각 이외에 어떠한 것도 그에게 중요하지 않았던 것입니다.

이 사람은 고통을 전혀 보지 못했습니다. 왜냐하면 어떠한 고통도 궁전에서 허용되지 않기 때문입니다. 하지만 2,600년 전 그 순간에, "나는 자유롭고 싶다."라는 멈출 수 없는 생각이 이 왕자에게 일어났습니다. 이전의 그의 모든 애착들이 순간적으로 떨어져 나갔습니다. 궁전 밖에는 그를 기다리고 있는 말 한 마리가 있었습니다. 그 말은 조용히 있었고 그가 빠져나오는 동안 간수들은 깊은 잠에 빠져 있었습니다. 어떤 힘, 자유 그 자체가 그의 탈출을 도와주었습니다. 왜냐하면 자유가 왕자를 되찾고 싶었기 때문입니다.

어떠한 보통의 인간도 그런 생각을 할 수는 없습니다. 이러한 생각은 일어날 것이며, 그 생각이 일어남으로써 다른 모든 욕구들은 종말을 고할 것입니다. 보통 사람들의 마음속에서는 향유에 대한 생각들이 일어날 것입니다. "나는 이것을 가지고 싶다. 지금 이 순간 나는 이만큼밖에 가지고 있지 않다. 내일은 좀 더 많이 가지겠다." 이것은 욕망입니다. 이것은 집착이며 실제로 모두가 살아가고 있는 상태입니다. 제가 지금 말하고 있는 이들 60억의 사람들은 모두 다 계획을 하고 있습니다. "오늘 나는 이것을 가지고 있으니 내일은 저것을 가질 것이다."라고. 이것이 당신들이 사는 방식이며 이것이 바로 삼사라입니다. "나는 오늘 이토록 많은 것을 즐기고 있지만, 내일엔 훨씬 더 많은 것을 누릴 것이다."

당신은 새장 속의 앵무새처럼 이 육신 속에서 살아가고 있습니다. 어떠한 순간에도 이 앵무새는 날아갈 수 있습니다. 당신은 이 순간에 이러한 결정을 할 수 있습니다. 미래의 순간은 당신이 통제할 수 없으며, 그것들은 당신에게 심지어 주어지지도 않을 수도 있습니다. 현재의 순간을 최대한 활용하십시오. 미래는 당신 손안에 있지 않기 때문입니다.

5

바쁘기를 바라는 사람은
삿상에 오지 않습니다

저에게는 아직 많은 의심이 있습니다. 어떤 커다란 경험이 일어나길 다소 기대하고 있지만, 동시에 저 자신을 보면 전혀 변하지 않고 있습니다. 스승님께서 그것은 매우 간단하다고 말씀하시는 것을 들으면서도 그 말씀을 의심하고 있는 것 같습니다. 당연히 그럴 것이라는 어떤 기대가 있습니다.

매우 힘들고 어려울 것이라는……

예, 그렇습니다. 어려울 것이라는……

그래서 당신에게 좀 더 어려운 고행을 하라고 하면, 저를 좀 더 믿으려 할 것입니다. 어쩌면 히말라야로 가서 오랫동안 거꾸로 매달려 있으라고 말해야 할지도 모르겠습니다. 그렇게 하는 사람들을 본 적이 있습니다.

무엇을 생각해야 할지 모르겠습니다.

이러한 것이 사람들이 하고 있는 일입니다. 당신은 그들처럼 이러한 바보 같은 짓을 하거나 아니면 침묵할 수 있습니다. 원하면 이러한 요가 수행을 할 수도 있습니다. 만뜨라들을 암송하면서 한 시간 동안 물구나무를 설 수 있습니다. 마음은 당신이 활동하기를 바랍니다. 마음은 바쁘기를 바라기 때문에 어리석은 일들을 하도록 부추길 것입니다. 그러나 만일 제가 "단 하나의 생각도 일으키지 마십시오."라고 말하면, 당신은 그렇게 할 수 없습니다. 그렇게 하고 싶어 하지도 않습니다. 왜냐하면 그것이 너무 간단하다고 생각하기 때문입니다. 얼마 동안 마음의 모든 활동을 그만두고 어떤 일이 일어나는지 그저 지켜보십시오.

저에게는 여전히 너무도 많은 개념들이 있습니다. 그 개념들은 모두 제 안에서 소용돌이치고 있습니다. 의식의 다른 상태들에 대한 이론들, 특정한 곳에서 나오는 에너지와 빛에 대한 이론들 등입니다. 이것들은 모두 서로 다릅니다.

그렇습니다. 각각의 책들은 이것들을 다른 방식으로 기술하고 있습니다. 이 다른 설명들은 다양한 기질들을 위한 것입니다. 어떤 종류의 영적 수련을 선택할 것인가는 당신의 영적 기질에 달려 있습니다. 모든 사람은 자신의 마음을 활동에 연루시키고 싶어 하기 때문에 그 많은 다른 방법들은 각기 다른 유형의 사람들을 위한 것입니다. 그러나 어느 누구도 침묵하라고 가르치지는 않습니다. 사람들이 받는 가르침들은 모두 무엇인가를 하고 계속 바쁜 상태를 유지하는 것에 대한 것입니다. 당신은 암송이나 노래를 하면서 목소리를 바쁘게 하거나, 요가나 쁘라나야마로 몸을 바쁘게 하거나, 마음을 명상 대상에 집중시켜 바쁘게 할 수 있습니다. 이 모든 방법들로 바빠서 당신은 전혀 침묵하지 않고 있습니다. 종교들과 지도자들은 지시하고 강요할 활동들을 가지고 있을 때만 번창할 수 있습니다. 당신이 침묵한다면 종교들은 실패하고, 지도자들도 실패하고, 가르침들도 실패할 것입니다. 그저 침묵하십시오. 그것이 사람들 사이에서 평화와 사랑을 찾을 수 있는 길입니다.

계속 침묵하십시오. 그러면 종교의 모든 구조가 무너져 내릴 것입니다. 종교는 당신에게 두려움을 가르칩니다. "만약 이것이나 저것을

하지 않는다면 당신은 지옥에 갈 것이다."라고 가르칩니다. 모든 종교
들은 두려움에 기초하고 있습니다. 그 두려움은 종교 지도자들이 하라
고 지시한 것을 하지 않았을 때 일어날 결과들에 대한 두려움입니다.
어떤 종교도 당신에게 침묵하라고, 자신의 참나 속에서 조용히 휴식하
라고 가르치지 않습니다.

전 생애 중 단 몇 분간만이라도 침묵할 수 있다면, 아마 당신은 평화
를 얻을 것입니다. 이것이 실재, 자유, 니르바나에 다가갈 수 있는 길
입니다. 침묵하는 것은 당신에게 달려 있습니다.

바쁘기를 바라는 사람들은 이와 같은 삿상에 오지 않습니다. 그들
은 단 몇 분도 가만히 앉아 있을 수 없기 때문에, 그들의 기질들은 그
들을 다른 어떤 곳으로 데리고 갑니다. 그들은 산으로 갑니다. 이 사원
또는 저 사원을 방문해야 한다고 외치면서 그들은 히말라야로 갈 것입
니다. 바드리나뜨나 께다르나뜨로 몇 주나 걸려 걸어갈 것입니다. 이
곳은 만 이천 피트 높이에 있기 때문에 올라가려면 매우 힘듭니다. 집
에서 오 분도 조용히 앉아 있지 못하는 사람들은 이곳으로 가는 데 몇
주 동안 육체적으로 기꺼이 고생을 해야 할 것입니다. 그들에게 물어
보면 자신들의 종교가 그런 활동을 지시하기 때문에 그곳에 간다고 말
할 것입니다. 실제의 이유는 오 분도 침묵할 수 없어 다른 어떤 일을 해
야만 하기 때문입니다.

어떤 지도자가 당신에게 집에 있으면서 침묵하라고만 말한다면, 그

의 사업은 번창할 수 없습니다. 이 같은 조언을 하면서 사업을 운영할 수는 없습니다. 그래서 그는 대신에 다른 어떤 것을 당신에게 말해 주어야 합니다. 어떠한 종교도 이와 같은 조언으로는 살아남을 수 없습니다. 어떤 가르침도 번성하지 않고, 어떤 책도 출판되지 않을 것입니다.

그냥 침묵하십시오. 이 방법밖에 없습니다. 침묵하지 않고는 어디에서도 평화를 찾을 수 없습니다. 활동과 생각은 평화를 주지 않습니다.

저는 과거에 겪었던 경험들을 기억하고 있습니다. 즉 제 몸의 도처에 있는 에너지, 강력한 희열감 등을 경험한 기억이 있습니다. 여기에 앉아 있으면서도 이 과거의 기억 때문에 그와 같은 어떤 일이 일어나야 한다는 기대감을 가지고 있습니다. 제 느낌은 "만약 그것이 이와 같지 않다면 진짜일 리 없다."는 것입니다. 이 때문에 제가 침묵하는 것만으로 충분하다는 것을 받아들이는 것이 매우 어렵습니다. 저는 이 이상의 어떤 것, 극적이면서 실체적인 어떤 것에 대한 기대감을 가지고 있습니다.

어떤 것도 기대해서는 안 됩니다. 기대는 마음이 계획하는 것입니다. 이러한 일이 일어날 때, 마음은 그것을 만족시키거나 경험하고 싶어 하면서 그 계획을 쫓아갑니다. 이런 일이 계속될 때, 마음은 조용하지 않습니다. 따라서 무엇보다 마음을 침묵시켜야 합니다. 이 말은 마음속에서 기대가 일어나서는 안 된다는 뜻입니다.

"이 기대는 어디서 비롯됩니까?" 그 근원으로 돌아가 보십시오. 기대를 가졌지만 어떤 만족도 어떤 평화도 얻지 못했습니다. 당신은 기대를 만족시키지 못했고, 기대를 가지는 것이 당신을 행복하게 하지 못하고 있습니다. 그러니 몇 분간 시간을 내어 그 기대가 어디서 오는지 알아보십시오. 그 근원이 무엇입니까? 만약 당신이 어떤 기대를 가지고 있을 때, 또는 그 기대를 충족시키고자 할 때 밖에서 만족을 찾을 수 없다면, 안을 들여다보고 그것이 일어나는 곳을 찾으십시오. 그곳을 찾으려고 하십시오. 밖으로 내달리기보다는 밖으로 내달리는 마음을 붙잡아 그 근원으로 데리고 오십시오.

당신은 무엇이든 원하는 것을 할 수 있습니다. 당신에게 도움이 된다 싶은 길은 어떤 길이든 갈 수 있습니다. 여기에 어떤 강요도 없습니다. 좋은 결과들을 낳게 하는 길이면 어떤 길이든 가십시오. 결과들이 가르침 자체보다 더 중요합니다. 이 문제에 스스로 뛰어들어 스스로가 결론에 도달하는 것이 더 좋습니다. 당신은 마음의 평화를 원합니다. 그렇지 않습니까? 마음의 평화가 어떻게 일어날 수 있는지 조사하십시오. 스스로 뛰어들어 찾으십시오. 당신은 그동안 아주 많은 스승을 만나고 아쉬람을 찾았습니다. 당신에게 도움이 되는 곳이면 어디든 가십시오.

(새 질문자) 종종 수련을 해도 됩니까? 우리에게 이롭다고 생각되면 그렇게 해야 합니까? 어떤 때는 영적 수련을 하는 것이 좋은 것 같고, 어떤 때는 침묵하는 것이 좋은 것 같습니다. 여기에 어떤 모순이 있습니까?

아닙니다. 아닙니다. 그런 수련은 해도 전혀 문제가 없습니다. 항상 가만히 앉아 있을 수 없기 때문에 요가 수련을 하는 것입니다. 그것 자체는 전혀 해로울 것이 없습니다. 당신은 몸을 유지해야 합니다. 좋은 음식을 먹고 요가를 하면 몸을 유지하는 데 좋습니다.

저는 정신적 수련들에 대해 더 많이 생각했습니다.

그것도 많은 도움이 됩니다.

그렇다면, 만약 도움이 된다 싶으면 고요한 마음에 이르기 위해 수련을 하는 것이 더 좋습니까? 가령, 저는 호흡에 집중하면 얼마 후 앉아 침묵하는 것이 훨씬 쉽다는 것을 경험을 통해 알았습니다.

그런 것들은 도움이 됩니다. 호흡 수련들은 당신이 호흡을 조절하고 있을 때 생각의 과정들도 조절되고 있기 때문에 도움이 됩니다. 이러한 수련들은 건강에도 좋습니다. 대개 우리는 매분 16회의 호흡을 합니다. 만약 호흡을 더 길게, 더 깊게 하여 그 횟수를 12회로 줄일 수 있다면 건강을 향상시킬 수 있습니다. 또 동시에 호흡을 지켜본다면 생각도 줄어들 것입니다. 따라서 쁘라나야마와 요가 수련은 좋습니다. 이 둘은 함께 갑니다. 몸이 아프면 당신은 아무것도 할 수 없습니다. 그러니 좋은 음식, 삿뜨바적인 음식 그리고 어느 정도의 수련을 통해 몸을 적절히 유지해야 합니다. 당신이 할 수 있는 수련들이 많지만 매일 몇 분간의 요가로도 육체적으로 많은 이득을 볼 수 있습니다. 미국에서는 매일 아침 많은 요가 TV 프로그램이 방영되는데, 사람들은 출근하기 전에 이 프로그램에 따라 몇 가지 간단한 수련을 하고 출근합니다.

호흡을 얼마 동안 멈추는 수련도 있습니다. 이 수련도 제게는 좋은 것 같습니다. 이 수련을 해도 됩니까? 위험하지는 않은지요?

해도 됩니다. 단, 4-8-4의 비율로 해야 됩니다. 4초간 숨을 들이마시고, 8초간 호흡을 멈추고, 4초간 숨을 내쉬어야 합니다.

일 분이나 그 이상 더 길게 숨을 멈추는 수련들도 있다고 들었습니다.

호흡 멈춤을 꿈바까라고 합니다. 꿈바까를 할 때는 생각을 할 수 없습니다. 쁘라나야마도 많은 병을 막아 줍니다. 공기가 좋은 신선한 야외에서 그 수련을 하십시오. 명상을 하기 전에 약간의 쁘라나야마를 하여 마음을 안정시킬 수 있습니다. 오래 살고 싶다면 천천히 호흡하는 것이 좋습니다. 수명이 짧은 동물들은 대개 호흡이 매우 빠릅니다. 길고 느린 호흡을 하는 동물들은 훨씬 오래 삽니다. 인간의 수명은 약 80년 정도 되는데, 대개 일 분에 16회 정도 호흡합니다. 오랜 기간에 걸쳐 호흡을 느리게 하는 방법을 배우면 보다 건강하게 좀 더 오래 살 수 있습니다.

(오래 대화가 끊긴 뒤 빠빠지는 새로 온 사람에게 물었다.) 어디서 오셨습니까?

애리조나에서 왔습니다.

제가 말한 수련들은 다른 방법, 다른 학파에 속하는 것입니다. 즉, 꾼달리니 요가의 학파에 속해 있는 것입니다. 꾼달리니 에너지는 그 수련을 적절히 하면 일어나지만 그것을 적절히 하기 위해서는 매우 특별한 생활방식이 필요합니다. 공기가 매우 깨끗한 곳에서 살아야 하고, 몸을 매우 깨끗하게 만들어야 합니다. 오늘날에는 이것이 가능하리라고 생각하지 않습니다. 지극히 제한적인 수의 사람들만이 그렇게 할 수 있습니다. 사람들은 그렇게 하라고 가르치지만, 그 가르침을 직접 실천할 수 없었습니다. 저는 이렇게 할 수 있는 사람을 리쉬께쉬에서 오직 한 사람 보았을 뿐입니다. 나머지 사람들은 그냥 그것에 대해 말할 뿐입니다. 그것에 대한 책도 많이 있습니다. 『요가 쁘라디삐까』와 같은, 우드로프가 번역한 산스끄리뜨 원본들이 있습니다. 읽어 보신 분이 계신가요?

　저도 본 적이 있습니다. 그가 그것을 쓸 때 자신을 '아발론'이라고 하지 않았나요?

그 책은 매우 훌륭하며, 매우 잘 쓰인 책입니다. 이것을 우드로프가 번역했습니다. 저는 그 책을 30년 전이든가 40년 전에 보았습니다. 모든 짜끄라들의 사진들과 도표들이 훌륭했습니다. 아주 설명이 잘 된 매우 좋은 책이었습니다.

　(새 질문자) 특별한 종류의 생활이라 하셨는데, 무슨 뜻입니까?

많은 사람을 만나지 말고, 은둔 생활을 해야 합니다. 매우 가벼운 음식으로 된 특별한 다이어트를 해야 하고, 하루 종일 이러한 수련들을 해야 합니다. 이 수련들은 종일 매달릴 때만 효과가 있을 것입니다.

이 수련들을 하면서 얻는 경험들과 자유 간에는 어떤 차이가 있습니까?

이 수련들을 하면 모든 종류의 힘을 얻을 수 있습니다. 공중부양, 동시에 여러 곳에 존재하기, 사물 발현시키기 등등 말입니다. 사람의 마음을 읽을 수 있고, 투시력을 가질 수 있습니다. 이 모든 것은 이 힘을 통해 가능합니다. 그러나 이 모든 특별한 힘들은 자아를 통해 기능합니다. "나는 이 묘기를 하고 있다.", "나는 공중부양을 하고 있다." 등 말입니다. '나'가 여전히 거기에 있습니다. 종종 이 힘들 중 어떤 것들은 그것을 위해 어떤 수련도 하지 않았는데도 오는 경우가 있습니다.

저는 공중부양을 하는 사람을 히말라야에서 한 사람 만났습니다. 그는 공중에 머물러 있을 수 있었지만 불안하고 평화가 없었습니다.

그는 저에게 말했습니다. "저의 스승께서 이것을 하도록 가르쳐 주셨습니다. 그러나 스승님은 돌아가시기 전에 '이것은 궁극의 진리가 아니다. 나는 궁극의 진리를 줄 수 있는 스승을 찾을 수가 없었다. 내가 죽고 나면 진정한 지식을 줄 수 있는 스승을 찾도록 해라.'고 말씀하셨습니다."

그 사람은 자기가 가진 모든 능력을 보여 주었는데, 그 중에 어떤 것은 매우 인상적이었습니다. 저는 또 한 사람을 구자라뜨에서 만났는데, 그는 투시력을 갖고 있었습니다. 마음속을 들여다보고 무슨 일로 찾아왔는지 정확히 말해 줄 수 있었습니다. 그러나 이것들은 힘입니다. 자유는 아닙니다. 힘은 삼사라에 속해 있어서 거기에 몰입하면 할수록 삼사라는 더 많이 증식합니다.

(새 질문자) 이 힘이 자유에서 멀어지게 한다는 말씀입니까? 아니면 이 힘은 자유로 가는 길에 거치는 어떤 단계입니까?

그 힘들은 당신을 자유로 데리고 가지 않습니다. 왜냐하면 그것들은 당신을 다른 일들, 즉 참나와는 전혀 무관한 일들에 몰두하게 하기 때문입니다. 당신이 충분히 순수하고 충분히 오랫동안 수련한다면 부양하는 법을 배울 수 있습니다. 그 가르침은 빠탄잘리의 『요가 수뜨라』에 있습니다. 여기에 여러 해의 시간을 들일 수 있지만, 마침내 성공한다 해도 그것은 모든 나비들이 할 수 있는 것을 하고 있을 뿐입니다.

꾼달리니 요가의 주된 사상은 공중부양이 아니고, 꾼달리니를 머리로 올라가게 하는 것입니다. 요기들과 요가 원문에는 그것이 사하스라라에 도달할 때 그 결과 자유가 온다고 합니다.

자유는 오르거나 떨어지는 것이 아니고, 또 오르거나 떨어지는 것의 어떤 결과도 아닙니다. 꾼달리니 요가를 마스터한 사람은 한 번에 몇 달씩 요가 사마디 속에 앉아 있을 수 있지만 그것은 자유가 아닙니다.

먼 옛날 한 번에 여섯 달 동안 사마디에 들어갈 수 있는 이가 있었습니다. 그는 왕에게로 나아가 "저는 먹지 않고 생리적 욕구에 응하지 않고 여섯 달 동안 사마디 속에서 앉아 있을 수 있습니다."고 했습니다.

왕은 그의 말을 믿지 않았습니다. 그래서 "정말 당신이 그렇게 할 수 있다면 원하는 것은 무엇이든 주겠노라."고 했습니다.

그 요기는 "저는 폐하가 타는 말을 원합니다. 여섯 달 후에 명상에서 깨어나면 그 말을 저에게 주시기 바랍니다." 하고 말했습니다. 왕은 그 조건에 동의했습니다.

여섯 달이 지났지만 그 요기는 명상에서 깨어날 수 없었습니다. 몇 해가 지나도 여전히 그는 이 상태에 빠져 있었습니다. 왕은 죽고 그의 아들이 왕위를 물려받았습니다. 20년 후 요기는 눈을 떴습니다. 왕궁에 있는 모든 사람이 이 요기의 이야기를 알고 있었기 때문에, 그가 의식을 완전히 회복하자마자 그를 바로 왕에게 데려갔습니다.

그는 새 왕에게 "선왕께서 약속하신 말을 주십시오."라고 말했습니다.

왕은 그에게 "내 아버지가 약속한 것에 대해 알고 있지만 그럴 수가 없다. 그 말은 몇 년 전에 죽었기 때문이다. 그러나 당신은 자신의 말을 충분히 입증했기 때문에 새 말을 기꺼이 주겠노라."고 했습니다.

그 요기는 이 사마디 속으로 들어갈 때 특정한 말에 대한 욕구와 몇 달 뒤 사마디에서 나오면 말을 얻을 수 있다는 기대를 가지고 있었습니다. 이것은 자유가 아닙니다. 그는 자신의 마음과 욕구를 이십 년 동안 보류했지만 그 마음과 욕구가 다시 기능하기 시작했을 때, 그 욕구는 여전히 거기에 있었습니다. 진정한 자유는 어떠한 욕구도 갖지 않는 것입니다.

왕이 "나는 저 건물을 원한다."거나 "나는 그 특정한 말을 원한다."고 생각할까요? 그렇게 생각하지 않습니다. 그는 모든 것이 이미 그에게 속해 있다는 것을 잘 알기 때문입니다. 그의 영토 내에 있는 것은 이미 모두 그의 것입니다. 무욕無慾을 통해 당신이 참나에 닿을 때, 모든 것이 자신의 참나라는 것을 알게 되고, 그 상태에서는 "나는 이것을 원한다."거나 "나는 저것을 원한다."는 생각은 더 이상 일어나지 않습니다. 왜냐하면 당신 자신과 분리되어 있는 것은 아무것도 없으며, 그것을 원하는 '나'도 전혀 없기 때문입니다. 모든 것이 당신 자신의 참나이고 아무것도 당신과 분리되어 있지 않은데, 당신과 분리되어 있어 당신이 소유하고 싶은 어떤 것이 어떻게 있을 수 있겠습니까?

도움을 청하러 온 사람이면 누구에게나 도움을 주었던 또 다른 인도의 왕이 있었습니다. 기도를 마치고 나온 후 그는 자신을 만나러 온 사람이면 누구에게나 도움을 주곤 했습니다. 그가 기도하고 있을 때 한 탁발승이 찾아왔습니다. 왕은 큰 소리로 기도하고 있었기 때문에 탁발승은 그가 여러 문제들에 대해 신의 도움을 요청하고 있는 것을 들을 수 있었습니다.

기도가 끝나자 왕은 밖으로 나와 "짐은 기도를 마쳤노라. 이제 당신이 원하는 것을 말해 보거라. 무엇을 원하든 들어주겠다."고 했습니다.

탁발승은 "저는 왕을 보러 왔다고 생각했지만 당신도 걸인인 것을 알았습니다. 당신은 신께 구걸하고 있군요. 저는 당신이 충족시켜 줄 수 있다고 생각한 작은 욕망을 가지고 여기에 왔지만, 이제 제가 원하는 것을 당신이 구걸하고 있는 그분에게 구걸하는 것이 더 낫겠다는 것을 알았습니다. 저의 부탁을 바로 그 신께 직접 가져가겠습니다."

이 세상에서 걸인이 아닌 사람이 어디에 있습니까? 모든 사람은 다른 사람들이나 아니면 신에게 구걸하고 있습니다. 그러나 또 하나의 길이 있습니다. 만약 당신이 아무것도 부탁하지 않는다면, 그리고 아무것도 욕구하지 않는다면, 모든 것이 당신에게 주어질 것입니다. 사람들은 신에게 가서 "저는 이것을 원합니다." 아니면 "저는 저것을 원합니다."라고 하면, 신이 매우 행복해한다고 말합니다. 그렇게 되면 당신이 원하는 것을 갖지만 그 순간부터 당신은 신과 멀어집니다. 그러나 당신이 아무것도 원하지 않을 때, 아무것도 부탁하지 않고 아무것도 욕구하지 않을 때, 그때는 신이 당신 뒤에서 당신이 가는 곳마다 따라다닐 것입니다. 당신이 무엇을 하든, 어디로 가든 그는 항상 거기 있을 것입니다. 부탁하지 말고 욕구하지 마십시오. 그러면 모든 것이 당신에게 주어질 것입니다. 그러면 더 이상 구걸할 필요가 없을 것입니다.

(새 질문자) 저는 제가 완전히 녹아 사라지고 있는 것 같은 경험을 한 적

이 있습니다. 그때 제 몸뿐만 아니라 모든 것이 녹아 사라지고 있는 걸 느꼈습니다. 그것은 제가 경험해 본 가장 아름답고 평화로운 경험이었지만 너무나 압도적이어서 세상에서 아무것도 할 수가 없었습니다. 제가 할 수 있는 것이라고는 그냥 드러누워 아무것도 하지 않는 것뿐이었습니다. 이제 이 경험은 사라졌지만 그 기억은 여전히 남아 있습니다. 요즈음 저는 이 경험과 다른 경험들을 비교하는 버릇이 생겼습니다. 저는 이 상태가 자유였거나 그것에 근접하는 어떤 것이었다는 생각이 듭니다. 왜냐하면 그 상태에 있었던 것보다 더 아름다운 것을 생각할 수 없기 때문입니다. '나'라고 지각되는 저의 자아는 그 상태에서 녹아 사라져 제가 그 어떤 것도 전혀 할 수 없게 만들었습니다. 사람들이 '나'가 사라진 상태에서 기능할 수 있는 것은 어떻게 해서 가능한 것입니까? 제 경우는 드러누워 그것을 즐기는 것 외에는 아무것도 할 수 없었습니다.

당신에게는 그 당시 진정한 스승이 옆에 없었습니다. 그것이 당신의 문제, 당신의 불운이었습니다. 만약 그 당시 진정한 스승과 만날 수 있었다면, 그는 또 하나의 방법을 가르쳐 줄 수 있었을 것입니다. 그저 보통의 활동이 아닌 200%나 더 활동적일 수 있는 방법을 가르쳐 줄 수 있었을 것입니다.

그렇다면 이 상태에서도 세상에서 여전히 정상적으로 활동할 수 있습니까?

그렇습니다. 방금 말했듯이 당신은 다른 사람에 비해 두 배나 더 활동적일 수 있습니다. 200%나 더 활동적일 수 있습니다.

6

지고의 헌신은 단 하나의 생각도 일으키지 않는 것입니다.

빠빠지, 께비따와 저는 오늘 아침 쁘라끄리띠에 대해 논쟁했습니다. 제가 정확히 이해한다면, 쁘라끄리띠는 5원소와 마음을 합한 것입니다. 저희는 마음이 실제 5원소를 만들어 내는지에 대해 그다지 확신이 없었습니다. 또, 5원소가 있다는 것을, 그리고 마음이 그 5원소를 지각함으로써 그것들을 존재하게 한다는 것을 그다지 확신하지 못했습니다.

그것들은 동시적입니다.

마음이 불을 보고 있다면 "불이 있다."고 말할 것입니다. 스승님께서는 마음이 "불이 있다."고 말하지 않으면 불이 없다고 말씀하시겠습니까?

마음은 모든 것을 동시에 만들어 냅니다. 먼저 마음이 있으면, 동시에 그 밖의 모든 것이 있습니다. 마음은 생각입니다. 그렇지 않습니까? 당신이 깨어날 때, 생각이 일어납니다. 마음이 먼저 일어나면, 그 다음에 모든 것이 동시에 일어납니다.

당신은 자연, 즉 5원소의 조합에 대해 묻고 있습니다. 가장 거친 것은 흙이고, 이것이 첫 번째 원소입니다. 그 다음으로 좀 덜 거칠고 좀 더 미묘한 것이 물이고, 기타 등등입니다. 마지막 원소, 즉 가장 미묘한 것은 에테르, 즉 공간입니다. 그러나 이 모든 원소들은 어디서 비롯되었습니까? 그것들 모두는 마음 안에 있습니다. 공간 원소인 에테르와 마음은 한 가지 점에서 비슷합니다. 모든 것은 에테르 속에, 즉 공간 속에 있고, 이 모든 원소들은 마음속에, 즉 생각 속에 있습니다. 이 모든 것들은 생각, 오직 생각일 뿐입니다. 이제 쁘라끄리띠, 자연, 5원소를 이해하기 위해서 당신은 원래의 생각, 즉 이 모든 것을 포함하고 있으면서 이 모든 것을 존재하게 하는 것이 무엇인지 알아내야 합니다.

이 5원소는 몸속에도 있습니다. 몸을 이해하기 위해서는 이 원소들을 이해해야 하고, 이 원소들을 이해하기 위해서는 마음을 이해해야 합니다. 어떤 현상을 선택하든, 그 현상 배후의 이 원소들까지 추적하여 올라가 그 현상을 만들어 내는 마음을 찾아냄으로써 그것의 근원적 본질로 돌아갈 수 있습니다.

이제, 하나의 생각을 선택하십시오. 만약 그 한 생각을 이해할 수 있다면, 즉 그 한 생각이 무엇이며 어떻게 존재하게 되었는지를 이해할 수 있다면, 마음의 전 과정과 마음의 본성을 이해하게 될 것입니다.

이 한 생각을 탐구하십시오. 이 생각을 보고 그것이 무엇인지 알려고 노력하십시오. 이 생각의 근원이 무엇인지 알아내십시오. 그 근원을 알아내면 마음을 이해하게 되고, 그러면 모든 것이 비롯되는 근원으로 들어갈 것입니다. 거기에는 지금까지 아무도, 어떤 것도 여태 존재하지 않았습니다.

이것이 자연의 과정, 즉 쁘라끄리띠가 존재하게 된 과정입니다. 그것은 뿌루샤, 즉 첫 번째 존재에서 일어납니다. 모든 존재는 이 첫 번째 존재 속으로 흡수되어 거기서 소멸되지만, 그 첫 번째 존재는 결코 소멸되지 않습니다. 결코 사라지지 않습니다.

당신은 뿌루샤를 '첫 번째 존재'라고 하셨는데, 크리슈나와 같은 존재를 의미합니까?

크리슈나 그 자신은 "나는 뿌루샤이다."라고 뿌루샤를 언급한 적이 있습니다. 그러나 뿌루샤는 크리슈나의 발현이 아닙니다. 그것은 비발현자입니다. 거기서 그는 나옵니다. 크리슈나는 그 자신을 비발현의 뿌루샤라고 알고 있었습니다. 뿌루샤는 마음의 모든 개념과 지각들 너머에 있습니다. 개념은 잡을 수 있지만, 뿌루샤는 그럴 수 없습니다.

나타남은 파악될 수 있습니다. 나타나지 않음도 그것이 나타남의 반대인 개념인 한 파악될 수 있습니다. 그러나 제가 지금 말하고 있는 뿌루샤는 그 둘을 초월해 있는 어떤 것입니다. 저는 나타나지 않음조차도 초월해 있는 어떤 것에 대해 말하고 있습니다. 그것 너머에 있는 것이 뿌루샤입니다.

그것은 브람마, 즉 이 모든 나타남의 창조주와 같다는 말입니까?

아닙니다. 브람마는 그것과 같지 않습니다. 그는 단지 나타남의 창조주일 뿐입니다. 브람마조차도 소멸하는 곳이 있습니다. 왜냐하면 브람마는 영원한 것이 아니기 때문입니다. 브람마와 그 밖의 신들을 포함하여 모든 것은 소멸하지만, 뿌루샤 그 자체는 결코 소멸하지 않습니다. 그것은 파괴될 수 없습니다.

당신은 『기따』를 연구해 왔습니다. 어떤 번역본을 읽고 있습니까? 우리가 얘기하고 있는 것이 그 책에 있습니다.

(빠빠지는 스와미 찐마야난다가 번역한 기따 사본을 펴고 8장 14절을 읽기 시작했다.)

14 다른 것을 전혀 생각하지 않고, 날마다 끊임없이 나를 기억하는 확고한 요기는 나에게 쉽게 이른다. 오, 빠르따여!

15 나에게 도달한 이 위대한 영혼들은 무상하며 고통의 자리인 이 세상에 두 번 다시 태어나지 않는다. 그들은 가장 높은 완성, 즉 목샤(해방)에 이르렀기 때문이다.

16 오, 까운떼야! 위로는 브람마의 세계로부터 아래에 있는 모든 세계의 거주자들은 다시 돌아오게 되어 있다. 그러나 오, 까운떼야! 나에게 이른 자는 다시 태어나지 않는다.

17 브람마의 낮이 일 천 유가이고, 브람마의 밤이 일 천 유가임을 아는 사람들은 진실로 낮과 밤이 무엇인지를 아는 사람이다.

브람마의 낮과 밤, 즉 나타남을 통한 그의 오고 감이 끝나려면 수천 유가가 걸리지만, 그는 여전히 일시적입니다. 그는 오고 가기 때문에 불멸의 바탕이 아닙니다. 브람마의 낮과 브람마의 밤 모두는 나타나지 않음으로부터 생겨나 거기로 되돌아갑니다.

그러면 그것은 뿌루샤입니까?

그렇습니다. 원문에서 모든 나타남들은 나타나지 않음에서 시작되고 밤이 다가오면 그 속으로만 녹아 들어간다고 합니다. 이 모든 것이 녹아 들어가는 그곳이 나타나지 않음인 뿌루샤입니다.

그렇다면 나타나지 않음은 제가 아닌 무엇입니까?

(8장 18절부터 다시 책을 읽으며)

> 18 (브람마의) 낮이 오면 나타나지 않고 있는 것으로부터 온갖 피조물들이 나타나며, (브람마의) 밤이 오면 그것들은 진실로 나타나지 않고 있는 것 안으로만 사라진다.
> 20 그러나 진실로 이 나타나지 않고 있는 것(아비야끄르따^{avyakrt}) 너머에 또 하나의 나타나지 않고 있는 것이 존재하는데, 그것은 영원하며, 모든 존재들이 소멸할 때도 소멸되지 않는다.
> 21 나타나지 않고 있는 이 불멸의 것을 궁극의 경지라 한다. 그곳에 도달한 사람은 아무도 돌아오지 않는다. 그곳이 나의 지고의 거처(혹은 상태)이다.

이것이 가장 높은 도달입니다.

이것은 분명 제가 아닌 것입니다!

이것이 가장 높은 도달입니다. 다시 읽겠습니다.

> 21 나타나지 않고 있는 이 불멸의 것을 궁극의 경지라 한다. 그곳에 도달한 사람은 아무도 돌아오지 않는다. 그곳이 나의 지고의 거처(혹은 상태)이다.

그리고 그 다음 절은 이렇습니다.

> 22 오, 빠르따여! 그 최고의 뿌루샤는 오로지 그분만을 향한 확고한 헌신에 의해서만 도달할 수 있다. 그분 안에 모든 존재들이 거주하고, 그분에 의해 이 모든 것이 충만해 있기 때문이다.

이것을 정말 읽고 있습니까?

예.

다시 들어 보십시오.

> 21 나타나지 않고 있는 이 불멸의 것을 궁극의 경지라 한다. 그곳에 도달한 사
> 람은 아무도 돌아오지 않는다. 그곳이 나의 지고의 거처(혹은 상태)이다.
> 22 오, 빠르따여! 그 최고의 뿌루샤는 오로지 그분만을 향한 확고한 헌신에
> 의해서만 도달할 수 있다. 그분 안에 모든 존재들이 거주하고, 그분에 의해
> 이 모든 것이 충만해 있기 때문이다.

(새 질문자) 빠빠지, 이 말에 동의하십니까? 그것은 헌신을 통해서만

오는 겁니까?

그렇습니다.

거기에 도달하는 것은 오직 헌신을 통해서만 가능합니까?

제가 말하는 '헌신'은 '지고의 헌신'을 말합니다.

지고의 헌신은 무엇입니까?

지고의 헌신은 단 하나의 생각도 일으키지 않는 것입니다. 이것이 지고의 헌신입니다. 그때가 되면 당신은 다른 생각에 휩쓸려 가지 않습니다. 이것이 지고의 헌신입니다. 그 밖에 어떤 것이 지고의 헌신이 될 수 있겠습니까?

'헌신'은 '분리되어 있지 않은' 것을 의미합니다. 산스끄리프 박띠 bhakti는 사실은 '분리가 없는 곳'을 의미합니다. 박띠의 반대말은 비박띠vibhakti입니다. 박띠는 분리가 아니라 하나가 되는 것을 의미합니다. 비박띠는 분리를 의미합니다. 지고의 헌신, 즉 지고의 박띠에는 어떤 분리도 없습니다.

어떠한 분리도 없다고요?

비분리는 분리되어 있지 않은 것을 의미합니다. 마음을 분리하지 마십시오. 마음은 어떻게 분리될까요? 생각을 일으키면 분리됩니다. 만약 당신이 단 하나의 생각도 일으키지 않는다면, 마음 자체는 분리되지 않습니다. 생각이 분리를 만들어 냅니다.

(새 질문자) 그렇다면 이 지고의 헌신과 이 나타나지 않고 있는 뿌루샤는 하나이면서 동일한 것입니다.

그렇습니다. 이것이 분리가 사라질 때 남는 것입니다. 비박띠는 분리를 의미합니다. 분리가 없는 곳, 비분리된 마음이 있는 곳, 이것이 박띠입니다. 이것을 지고의 헌신이라고 합니다. 헌신은 누군가에게 또는 자기 자신이 아닌 어떤 것에게 할 수 있습니다. 그러나 지고의 헌신은 자신의 참나에게만 할 수 있습니다.

참나가 있고 참나가 아닌 것이 있습니다. 불멸하는 것이 있고 멸하는 것이 있습니다. 불멸하는 것에 헌신하는 것과, 불멸하는 것과 하나가 되는 것이 지고의 헌신입니다. 이 헌신이 없으면 어떤 것도 일어날 수 없습니다.

영어 단어 '헌신'은 매우 오해하기 쉬운 말일 수 있습니다. 그러나 매우 멋진 산스끄리뜨의 '박띠'라는 이 단어를 대신할 수 있는 적절한 영어 단어는 없는 것 같습니다. 마찬가지로 '갸나jnana'를 대신할 적절한 영어 단어도 생각나지 않습니다. 우리는 갸나를 영어로 번역할 때 대개 '지식'이라고 합니다. 그러나 지식은 갸나가 아닙니다. 영어로 지식은 어떤 것, 즉 당신이 알고 있는 어떤 대상에 대한 것입니다. 반면 갸나는 단지 자신의 참나에 대한 주관적인 지식일 뿐입니다. 다른 것들에 대한 지식을 가리킬 때는 다른 말들이 있습니다.

박띠로 돌아가서, 원한다면 당신은 그것을 '사랑'이라고 할 수 있습니다. '사랑'은 박띠의 한 국면을 표현하는 한 방식일 뿐 모든 의미를 다 포괄할 수 있는 것은 아닙니다. 박띠에는 어떤 지식과 어떤 이해,

즉 진실과 실재에 대한 지식도 있습니다.

참나가 무엇인가를 표현하는 데는 두 가지 방법이 있습니다. 즉, 사랑(박띠)과 지식(갸나)입니다. 이들은 또한 참나를 발견하는 방법들입니다. 비짜라, 즉 탐구로 당신은 생각의 근원을 찾습니다. 당신은 그 근원으로 돌아가 그 근원과 융합하여 그 근원으로서 거주합니다. 이것이 비짜라입니다. 이러한 조사를 '지식' 즉 '갸나'라고 합니다. 헌신은 당신의 근원을 사랑하는 것입니다. 지고의 사랑으로 근원을 사랑할 때 당신은 그 근원에 이끌려 갈 것이며, 그 근원을 알게 될 것입니다. 그것에 대한 진정한 지식을 얻기 위해서는 이 근원을 일념으로 사랑해야 합니다. 지고의 사랑을 가질 때는 지고의 지식도 가지게 됩니다. 이것은 서로 다른 두 방식으로 표현되어 있지만 동일한 것입니다. 하나는 사랑이고, 다른 하나는 지식입니다.

7

자유롭기를 원하는
이 '나'는 누구이며 어디에 있습니까?

사람들은 이 세상의 것들에 대한 욕망들과 다음 세상의 것들에 대한 욕망, 그리고 신에 대한 두려움을 가지고 있습니다. 이 세 가지 것이 당신을 자유로부터 멀리 떨어져 있게 합니다. 당신은 자유에 대한 욕망을 가지고 있다고 말합니다. 당신이 이 세 가지를 포기한다면, 자유에 대한 욕망도 더 이상 유지될 수 없다는 것을 알게 될 것입니다. 그것이 당신을 떠날 것입니다. 그러면 자유 그 자체만이 남을 것입니다.

욕망을 포기한다는 것이 매우 어렵다는 것을 알게 되었습니다.

이 세상과 다음 세상에 대한 욕망을 포기하고. 당신으로 하여금 이런 욕망들을 가지도록 창조한 그 존재조자도 포기하십시오. 그것이 바로 제가 말하는 바의 의미입니다. 그러면 자유는 스스로 나타날 것이며, 당신은 자유를 더 이상 갈망할 필요가 없을 것입니다.

그 자유는 당신이 절대로 포기하거나 던져 버릴 수 없는 하나의 것입니다. 그것은 던져 버릴 수 있는 손안의 어떤 사과와 같은 것이 아닙니다. 자유에 대한 욕망을 포함하여 모든 욕망들이 사라질 때, 자유가 남습니다.

비야사Vyasa는 "이제 제가 자유만을 갈구하도록 하소서……."라는 말로 브람마 수뜨라를 시작합니다. 이것은 새롭고 혁명적인 것이었습니다. 이렇게 말하기 전에 사람들은 "제가 요가를 수행할 수 있게 해주세요. 딴뜨라를 수행할 수 있도록 해주세요."라고 말할 것입니다. 이 '자유'라는 단어, 즉 자유롭기를 바라는 이 개념은 이 모든 것을 하고 싶어 했던 사람들이 사용한 어휘의 일부가 아니었습니다. 비야사는 자신에게 "이제 수많은 탄생을 거친 후에 나는 자유를 얻기로 결심하였다."라고 말한 것입니다.

이와 같은 생각은 많은 이들의 마음에 일어나는 것이 아닙니다. 당신은 전 세계의 아쉬람에서 온갖 종류의 수행들을 하는 수천 명의 사람들을 볼 수 있지만, 저는 그 수행법들로 어떤 좋은 결과가 나올 것이라고 생각하지 않습니다. 사람들은 수행들을 하느라 바쁩니다. 그러나 자유는 항상 접촉하지도 도달하지도 못하는 채로 있습니다. 80년의 생애 동안 저는 세계 곳곳에서 수많은 큰 아쉬람들을 보았습니다. 세상은 스와미들, 아쉬람들, 영적인 책들, 가르침들, 헌신자들로 가득합니다. 그러나 그 결과는 어디에 있습니까? 이 모든 것의 결과로서 자유를 누가 성취하였습니까?

깨달음의 촛불이 빛나기 시작하는 매우 드문 마음이 존재합니다. 이 촛불은 매우 드물게 빛날 것입니다. 많은 사람들은 자유를 원한다고 말하면서 여러 아쉬람들과 구루들을 찾아 갑니다만, 그들은 참으로 진지하지는 않습니다. 사람들은 똑같은 주장을 하면서 여기를 찾아옵니다만, 저는 대다수의 그들을 믿지 않습니다. 몇 세기 전에 마하라쉬뜨라 주의 아쉬람에 한 스와미가 있었습니다. 수백 명의 사람들이 매일 그를 보기 위해서 오곤 하였습니다. 글을 읽지 못했던 그의 제자 중의 한 사람은 "600명의 사람들이 당신을 매일 달샨하기 위해서 옵니다. 그들 모두가 해방, 즉 목샤를 성취할 수 있습니까?"라고 물었습니다.

그 문맹인은 깔얀이었습니다. 그리고 그는 아쉬람 외양간을 돌보았습니다. 다른 다수의 헌신자들은 교육을 받은 사람들로, 그들은 스와미가 책을 편찬하는 일을 도와주고 있었습니다.

"아닙니다. 그들 모두가 자유를 성취할 수는 없습니다."라고 스와미는 말했습니다.

그러자 깔얀은 "그렇다면 어느 정도가 자유를 성취합니까? 500명 정도요?"라고 물었습니다.

"아닙니다."

"200명?"

"아니요."

"20명?" 깔얀은 물었습니다.

"내일 말해 주겠습니다."라고 스와미가 말했습니다.

그날 밤 스와미는 그의 다리를 얼룩진 붕대로 묶었습니다. 그리고 헌신자들이 이른 아침에 왔을 때, 그는 다리에 문제가 생겨서 일어설 수 없다고 말하였습니다. 헌신자들은 그들의 일을 하러 가기 전에 그의 책 작업을 돕기 위해서 왔습니다.

스와미는 말했습니다. "나의 다리에 매우 독성이 강한 혹이 났어요. 나는 이 독 때문에 아마도 죽을 것입니다. 이 사실은 의사들이 말한 것입니다. 그러나 의사들은 또한 말하길, '당신을 위해 독을 기꺼이 빨아낼 사람을 찾아낼 수 있다면 당신은 아마 호전될 것이지만, 그 사람은 죽게 될 것입니다.'라고 했습니다.

이른 아침에 찾아온 모든 방문자들은 한 사람씩 변명을 하면서 서둘러 떠났습니다.

한 사람은 "저는 오늘 법정에 가야 합니다. 저는 그저 당신의 은총을 구하러 왔습니다."라고 말했습니다.

어떤 이들은 "저희는 막 성지순례를 떠날 참이었습니다. 떠나기 전에 당신을 달샨하러 왔습니다."라고 말하였습니다.

모든 이들은 모종의 변명을 하고 떠났습니다. 마침내 깔얀이 들어

와서 "스와미시여! 오늘은 이곳에 아무도 없군요. 무슨 일입니까?"라고 물었습니다.

스와미는 "깔얀, 나는 밤새도록 이 아픈 혹 때문에 고통스러웠습니다. 의사가 말하길 누군가가 이 독을 빨아 내지 않는다면 내가 죽는다는군요. 그러나 문제는 이 독을 빨아 낸 사람은 누구든지 나를 대신하여 죽는다는 겁니다."라고 말했습니다.

깔얀은 "스와미, 왜 아픈 그 순간에 저를 깨우지 않으셨습니까? 당신은 돌아가시면 안 됩니다. 저는 살아도 무슨 소용이 있겠습니까? 당신께서는 너무도 많은 생명을 돌보고 계십니다. 저의 생명은 아무 소용이 없습니다. 제 생명을 받아 주십시오."라고 말했습니다.

그는 앞으로 가서 얼룩진 붕대를 빨기 시작하였습니다. 그런데 놀랍게도 그는 입에서 진한 단맛을 느낄 수 있었습니다. 스와미는 그의 다리에 꿀로 얼룩진 붕대를 묶어 놓은 것이었습니다.

"이것이 당신이 어제 나에게 물었던 질문에 대한 대답입니다. 어느 누구도 자유를 얻기 위하여 여기에 오지 않습니다. 그들은 결혼이나 법정의 소송 문제 등으로 은총을 구하기 위해 오고 있습니다. 어느 누구도 나를 돌보기를 원하지 않았지요. 당신을 제외하고 아무도 스승을 위해 자신의 생명을 희생하려 하지 않았습니다. 그들이 아니라 당신이 자유를 얻게 될 것입니다. 왜냐하면 그들은 충분히 진지하지 않기 때문입니다. 당신은 내가 죽을 때, 나의 옷과 이 아쉬람을 받을 것입니다. 나는 나의 헌신자이기도 한 왕에게 편지를 써서 그에게 이 결정을 알려 줄 것입니다."라고 말하였습니다.

당신이 자유에 대하여, 해방에 대하여 진지하다면, 다른 모든 것을 배척하고서 그것을 원해야 합니다. 이러한 갈구가 밤낮으로 꺼지지 않고 불타도록 하십시오. 당신이 자유에 대해 진지한 태도로 관심을 가지고 있다면, 이 갈망은 틀림없이 늘 거기에 있을 것입니다. 그것이 당신을 자유로 데리고 갈 것이고, 그때에 자유에 대한 갈망을 포함한 모든 욕망이 사라질 것입니다.

과일이 나무에 달려 있다면, 그것은 충분하게 익지 않았다는 의미입니다. 저절로 떨어질 때 그 과일은 완전히 익은 것입니다. 자유에 대한 이 끊임없는 갈망을 통해 영적으로 완전히 성숙할 때, 당신도 자연스럽게 자유 그 자체로 떨어질 것이고, 욕망은 더 이상 당신을 괴롭히지 않을 것입니다.

당신은 이미 많은 생애 동안 욕망들의 세상을 방황하였습니다. 수백만의 사람들이 그들의 욕망들을 계속 쫓아다녀서 끊임없이 고통을 받고 있습니다. 온 가슴을 다하여 자유롭기를 원한다면 당신은 이 모든 욕망을 포기하고 자유만을 원하게 될 것입니다. 다른 어떤 종류의 욕망도 당신에게 고통만 가중시킨다는 것을 알 것이기 때문입니다. 그러나 그런 결정을 하고 그 결정을 지키는 사람은 거의 소수입니다. 이들은 그것을 해낼 수 있는 사람들입니다.

빠빠지, 생각이 없다면 욕망이 있을 수 있습니까? 생각이 없는 욕망이 있습니까?

생각은 당신을 외부의 대상으로 데려갈 것입니다. 모든 생각은 대상들과 연관되어 있습니다. 주체인 '나'는 하나의 대상인 생각을 생각합니다. 당신이 생각을 하게 되면, 주체와 객체의 관계가 바로 성립됩니다. 이 과정에서 각 대상은 과거에 속하는 어떤 것이 됩니다. 그것은 지금 여기에 존재하는 당신 자신의 실재가 아닙니다. 자유를 갈망하십시오. 그러면 그 갈망이 당신을 생각이 없는 곳으로 데려갈 것입니다.

제가 말씀드리려고 하는 것은 제 안에 숨겨진 욕망의 씨앗이 있을 때 제가 그 욕망의 대상을 본다면, "나는 그것을 원한다."는 생각이 즉시 일어난다는 것입니다. 생각과 욕망이 함께 무의식적으로 모르는 사이에 일어납니다. 제가 말하려는 것을 이해하시겠습니까?

바로 그것이 제가 말하려는 것입니다. 모든 생각들과 욕망들은 과거와의 관계를 만들어 냅니다. 생각은 과거의 기록인 기억에서 가져온 대상들에 대한 집착입니다. 당신은 과거를 상대로 주체와 객체의 관계를 가집니다. 왜냐하면 주체인 당신은 당신이 과거에 대해 가지고 있는 기억들인 욕망의 대상들을 항상 붙잡고 있기 때문입니다. 그 대신에 "나는 자유롭고 싶다."라는 생각을 가지십시오. 아주 강렬하게 그것을 원하십시오. 그러면 주체도, 객체도, 과거도, 미래도 존재하지 않을 것입니다.

"나는 자유롭고 싶다."라는 이 생각은 저의 내부에서 발아하여 자랄 수 있는 씨앗과 같습니까?

자유롭고 싶다는 이 '나'는 누구이며 어디에 있습니까? 몸의 내부 혹은 몸의 외부에도 '나'는 없습니다. 의사가 부검을 할 때, 그는 몸 안에서 '나'를 찾아내지 못합니다. 당신이 몸의 엑스선 사진을 찍어도, 당신은 몸 안 그 어디에서도 '나'를 찾을 수 없습니다. 당신은 자신이 몸이라고 전제하고 있기 때문에 '내부'라는 말을 사용하고 있습니다. 그런 가정으로부터 또한 몸의 내부에 틀림없이 '나'가 있을 것이라고 추측하고 있습니다.

당신이 "이 몸은 누구의 것인가?"라고 질문함으로써 이러한 추측들에 질문을 한다면, 당신은 자신에게 "그것은 나의 것이다."라고 말할 것입니다. 물건들을 소유하고 있는 '나'는 재산들에 대한 소유권을 갖기 전에 이미 존재하지 않습니까? 이 점에 대해 진지하게 생각해 보십시오. 그러면 몸이 출현하기 전에 '나'가 틀림없이 존재했다는 결론에 도달할 것입니다. 만약 몸이 있기 전에 '나'가 존재했다면, 그것은 몸이 태어났을 때 존재하게 된 것이 아닙니다. '나'는 몸의 탄생으로 생기는 생일을 가지고 있지 않습니다. '나'가 특정한 날에 태어났다고 생각하는 이 '나'를 탐구하십시오.

'나'가 외부에 존재한다면, 그것은 지금쯤 발견되었을 것입니다. 탐험가들이 모든 곳을 다녀왔으며, 심지어 달에도 갔다 왔습니다. 그러나 그들은 그 어디에서도 '나'를 찾아내지 못했습니다. 사람들은 그들 자신의 내부에서 '나'를 찾아봤지만, 아무도 거기에서 또한 그것을 찾아내지 못했습니다. 왜 찾지 못했을까요? 왜냐하면 그것은 내부나 외부에도 존재하지 않기 때문입니다.

8

은총은 당신이 그것을 찾도록
항상 격려합니다

깨달음은 은총의 힘으로 성취됩니까?

은총? 그렇습니다. 오직 은총의 힘입니다. 깨달음은 단련을 요하는
묘기나 어떠한 신체적 노력에 의하여 얻어지는 것이 아닙니다. 만약
그렇다면, 누구라도 노력으로 깨달음을 얻을 수 있을 것입니다. 노력
은 누구나 할 수 있지만, 그것으로는 충분하지 않습니다. 그러나 은총
으로는 충분합니다.

은총에는 두 가지 종류가 있습니다. 참나의 은총인 아뜨마 끄리빠
Atma kripa와 구루의 은총인 구루 끄리빠Guru kripa가 그것입니다. 아뜨마 끄
리빠는 내면으로부터, 참나 그 자체 안으로부터 일어납니다. "나는 자

유를 원한다."라는 생각은 참나의 은총이 밖으로 드러난 것입니다. 자유롭고자 하는 결심은 참나가 주는 은총의 선물입니다. 경전에서는 참나의 은총을 얻기 위해서는 산만큼 쌓은 공덕이 필요하다고 기록하고 있습니다. 이것은 단순한 한 덩어리의 바위나 작은 언덕이 아니라 아마 세상에서 가장 높은 산인 메루 산보다 더 높은 공덕의 산입니다. 그래서 당신이 쌓은 공덕이 히말라야보다 더 높을 때라야 이 욕망이 일어날 것입니다. 이것이 바로 참나로부터 온 은총의 작용입니다. 이 은총은 당신의 내부에서 일어나며 당신이 누구인지를 보여 줄 것입니다. 그러나 대부분의 사람들은 이 힘을 이해하지 못하며, 그것이 당신에게 말하려고 하는 언어도 이해하지 못합니다.

이런 갈망이 일어나면, 참나는 당신이 어떤 사람을 만나도록 준비를 하는데, 이 어떤 사람은 당신 자신의 언어로 당신에게 말을 걸어, 참나가 당신의 내면에 있다는 사실과 당신은 내면에서 참나를 찾아야만 한다는 사실을 알려 줄 것입니다. 이것이 구루의 은총입니다. 은총이 분명히 '외부의' 근원인 구루의 형상으로부터 온다고 하더라도, 그 은총은 여전히 내면에 있는 참나를 가리키고 있을 뿐이며, 그 참나의 힘이 당신을 참나 안으로 데려갈 것입니다.

은총은 당신이 그것을 찾도록 항상 격려합니다. 은총으로 인하여 자유에 대한 갈망이 당신에게 일어났습니다. 은총을 통하여 당신은 여기로 올 수 있었습니다. 은총이 당신으로 하여금 이 질문을 하도록 합니다. 이 질문 자체도 은총입니다. 이 은총 너머에나 바깥에는 아무것도 없습니다. 그것은 당신의 노력도 은총이라는 의미입니다. 당신이 이와 같은 노력을 할 수 있고, 이런 노력을 하기를 원한다는 것 자체가 모두 은총의 표시입니다.

자신이 누구인지를 알아내겠다고 결심함으로써 당신은 노력하기를 선택할 수 있습니다. 이것이 바로 자기 탐구에 대한 노력입니다. 이것은 "내가 누구인지를 알아내겠다."라는 결심으로부터 일어납니다. 또 다른 길은 "이것은 모두가 당신의 은총입니다. 저는 당신의 손안에 있습니다."라는 복종의 길, 은총의 길입니다. 이러한 길이나 태도는 당신을 돌보고 당신을 참나에게로 인도하는 힘을 불러일으킬 것입니다.

여러 성향들은 서로 다른 길로 인도합니다. 여기 인도에서는 그것을 원숭이의 방식과 고양이의 방식이라고 부릅니다. 원숭이 새끼는 꽉 잡으려는 노력으로 어미에게 붙어 있습니다. 어미 고양이는 새끼 고양이를 물고서 어미가 원하는 곳으로 데리고 갑니다. 당신이 어떤 길을 선택하든지 그것은 모두가 은총입니다. 왜냐하면 "내가 스스로 자유를 얻겠다."라는 결정은 모든 것을 신에게, 즉 참나의 힘에게 맡기겠다는 결정만큼이나 은총의 표시이기 때문입니다.

우리는 아뜨마 끄리빠와 구루 끄리빠를 선택할 수 있습니까? 그것은 우리 스스로 결정할 수 있는 것입니까?

당신의 성향이 당신을 위해 선택할 것입니다. 당신의 성향과 반대되는 선택을 하려 한다면, 그것은 올바르게 작용을 하지 않을 것입니다. 그것은 당신의 뼈 안에 있습니다. 당신이 따르려고 선택한 길은 당신 성향의 결과일 것입니다. 성격과 인성을 지배하는 마음의 속성들이라고 하는 세 가지 구나, 즉 삿뜨바(순수, 조화), 라자스(행동), 따마스(둔함, 게으름)가 있습니다. 이 구나들이 당신이 행위를 하도록 충동질할 것입니다. 그것들이 당신의 성향에 가장 맞는 길을 따라가도록 지시할 것입니다. 라자스에 의해 지배당하고 있다면 행위를 하는 데에 매료될 것입니다. 당신을 바쁘게 만드는 요가나 딴뜨라와 같은 수행들에 이끌릴 것입니다. 이런 성향의 사람들은 항상 "나는 그것을 할 수 있어. 나는 그것을 해야 한다."라고 생각합니다. 이 구나의 사람들은 결국 그들을 바쁜 일에 열중하게 해줄 일들인 테러피나 요가를 하게 될 것입니다. 이것은 그렇게 나쁜 것은 아닙니다. 왜냐하면 이 세상 사람들의 95퍼센트가 따마스적인 성향을 가지고 있기 때문입니다. 따마스 성향의 사람들은 아무것도 하지 않습니다. 그들은 이런 영적인 길로 들어서려는 생각조차 없이 살다가 죽습니다.

삿뜨바적인 성향을 지녔다면 당신은 집중을 매우 잘 하는 사람입니다. 날카로운 식별력을 지녔을 것이고, 참나를 찾느라 여기저기를 쏘다니기보다 생각 없이 고요히 있음으로써 참나를 발견할 수 있을 것입니다.

구나를 선택할 수 없는 것은 유전자를 선택할 수 없는 것과 같습니다. 당신의 유전자는 수천 년의 세대에 걸친 신체적 번식의 결과입니다. 당신의 구나는 수천 번의 생애를 거치면서 쌓은 경험들의 결과입니다. 당신의 유전자가 당신의 바라보는 방법을 결정합니다. 그러므로 당신은 이 문제에서 어떤 선택권도 가지지 못하고 있습니다. 당신의 구나가 마음의 속성을 결정합니다. 따라서 이것은 바로 당신의 유전자만큼이나 결정적입니다.

전사였던 아르주나가 전쟁터로 나가지 않겠다고 말했을 때, 그는 그의 본성을 부정하려고 하였습니다. 그러나 크리슈나는 그에게 이 문제에 대해서는 선택권이 없다고 말했습니다. 이것이 바로 그것이 어떠한지를 보여 주고 있습니다.

9

참된 사랑 속에서는 자기 자신이 아닌 모든 것이 떨어져 나갑니다

영어에서는 "사랑에 떨어진다."고 말합니다. 당신이 어딘가로 떨어질 때, 당신은 한 장소에서 떨어지기 시작하여 마침내는 더욱 낮은 곳으로 이르게 됩니다. 그러나 제가 말하는 종류의 사랑에서는 어떠한 떨어짐도 없고, 더 낮은 곳으로의 내려감도 없습니다. 떨어짐이 있는 것은 다른 종류의 사랑에서입니다.

욕망 속으로는 떨어짐이 있다는 뜻입니까?

욕망은 언제나 떨어지는 것이지만, 제가 말하는 사랑에는 결코 떨어지는 것이 없습니다. 당신은 있는 그대로의 자신으로 있습니다. 이것이 진정한 사랑입니다. 다른 종류의 사랑을 표현하기 위해서 "나는 사랑에 빠졌어요."라고 모든 이들은 말합니다. 이와 같은 육체적 종류의 사랑에서 떨어지는 것은 당신입니다. 참된 사랑에서는 떨어져 나가는 것은 당신을 제외한 그 밖의 모든 것입니다. 참된 사랑에서는 자기 자신이 아닌 모든 것이 떨어져 나갑니다. 모든 것이 떨어져 나갔을 때, 이것이 진정한 사랑입니다. 다른 모든 종류의 사랑에서 벗어나 있을 때, 당신은 참된 사랑을 찾을 것입니다.

붓다에게 어떤 일이 일어났는지를 보십시오. 그는 왕궁에서 가장 아름다운 여인 옆에 누워 있었습니다. 육체적 사랑이 그곳에 있었습니다. 애정도 있었지만, 그러나 그것은 그에게 충분하지 않았습니다. 그의 삶에서 없었던 것은 또 다른 종류의 사랑이었습니다. 그는 세상에서 아마 원할 수 있는 모든 것을 가지고 있었지만 잠자리에서 일어나 나가 버렸습니다. 이 부름이 참된 사랑에서 비롯될 때는 그것을 물리칠 수 없습니다. 왕들은 이 사랑을 찾으려 자신의 왕궁들과 왕비들을 버렸습니다. 이것이 제가 말하고 있는 지고의 사랑입니다.

(새로운 질문자) 때로는 성스러운 책들을 읽기가 어렵습니다. 왜냐하면 그 책에는 이러한 경이로운 상태들에 대한 묘사들로 가득 차 있기 때문입니다. 저는 그 책들을 읽으면서, "이거 원! 나는 그러한 상태나 그러한 경험을 체험해 보지 못했잖아."라고 생각합니다. 이 때문에 저는 수행의 길에서 어느 지점에 와 있는가에 대한 생각들과 욕망들, 판단

들이 일어납니다. 그러한 책들은 제가 부족하다는 느낌을 일으키기 때문에, 저는 그러한 책들을 읽지 않는 편입니다.

이것은 당신이 많은 책을 읽은 후에 내린 훌륭한 판단입니다.

글쎄요, 저는 그다지 많은 책을 읽지는 않았습니다.

그러면 당신은 운이 좋은 것입니다. 마야에게는 수없이 많은 방법으로 물고기를 잡을 수 있는 큰 그물이 있습니다. 어떤 사람이 세상을, 즉 삼사라를 등질 때, 많은 함정들이 그를 기다리고 있습니다. 그는 많은 다른 방법들로 함정에 걸려들 수 있습니다. 그는 친구들, 친척들, 그의 공동체를 버릴 수 있지만, 결국에는 새로운 공동체인 아쉬람의 함정에 빠질 수 있습니다. 혹은 영적인 책들을 읽는 함정에 빠질 수 있습니다. 이런 책들에 열중하는 것은 큰 함정입니다. 당신이 어디를 가든, 마야가 가지고 있는 함정은 당신을 기다리고 있습니다. 당신이 숭배를 한다면, 당신은 숭배 의식들에 걸려들 수 있습니다. 요가의 길을 따른다면, 그때는 요가적인 사마디가 함정이 될 것입니다.

이제 아시겠습니까? 당신은 사마디에 들어가 자기 자신에게 대단한 만족을 느낄 수 있습니다. 그리고 나중에 "나는 오랫동안 사마디에 들려고 해. 나는 한 번에 여섯 시간 동안 이런 상태들에 머물 수 있어."라고 생각합니다.

당신은 매일 자빠를 하는 박따가 될 수 있습니다. 그러나 당신의 염주는 결국 당신의 함정이 될 것입니다. "나는 하루 종일 염주를 세고 있다. 나는 정말 잘 하고 있어."라고 생각할 것입니다.

심지어 신들도 이런 마야의 함정들로부터 자유로운 것은 아닙니다. 우주를 유지하는 신 비슈누에게도 마야는 까말라로 나타났습니다. 쉬바는 우마로 인해 따빠스를 하지 않게 되었습니다. 브람마는 그의 창조에 걸려들었습니다. 누가 이 함정들에서 자유롭습니까? 어느 누구도 자유롭지 못합니다. 왜냐하면 당신이 무엇을 하든지, 무엇을 생각하든지, 무엇을 상상하든지 간에 그것은 마야의 함정이기 때문입니다.

그러나 이 모든 함정들은 상상이라고 저는 당신에게 말합니다. 이 모든 것이 함정이라는 것을 정말로 알게 될 때, 당신은 그것들이 모두 당신의 상상 속에 있다는 것을 알게 될 것입니다. 당신을 안에 가두어 둘 어떤 문도 없습니다. 당신은 어떠한 함정에 갇혀 있든지 그 함정에서 마음대로 걸어 나올 수 있습니다.

붓다는 그의 함정에서 빠져나와 자유를 성취하였습니다. 그는 고립된 쾌락의 정원에서 살았고 정상적인 세상과 떨어져 있었습니다. 점성가가 그의 부모에게 "이 왕자는 이 세상에 머물지 않을 것입니다."라고 말을 하였습니다. 그의 어머니도 이것에 대한 꿈을 꾸었습니다. 왕자를 낳은 뒤에 왕과 왕비인 그의 부모는 아들을 정상적인 세상으로부터 완전히 격리시켜 놓으려고 노력했습니다. 아름다운 정원에는 춤추는 소녀들로 가득하였고 그의 아내는 왕국에서 가장 아름다운 여인이었습니다. 그의 개인적 작은 세상에는 어떠한 고통도, 어떠한 늙음도, 육체적 쾌락을 추구하는 일을 제외하고 어떠한 진리의 추구도 없었습니다.

어느 날 그는 왕궁 밖의 세상을 보기를 원하였습니다. 그는 단지 "이 성벽 밖의 세상을 보고 싶다."라는 결정을 내렸습니다. 그는 몰래 성벽 밖으로 나갔고, 태어나서 처음으로 고통과 늙음과 죽음을 보았습니다. 그는 왕궁으로 돌아와, 이 고통의 비밀과 이 고통을 초월하는 방법을 찾기 위해서 그의 왕궁, 가족, 아름다운 아내라는 그의 세상을 포기해야만 한다고 결정하였습니다. 그는 모든 것을 포기하고 한밤중에 몰래 걸어 나왔습니다. 그가 떠나려고 했을 때 궁궐의 자물쇠들이 자동적으로 열렸다고 전해지고 있습니다. 문지기들이 도망가는 말발굽의 소음을 듣지 못하도록 땅 그 자체는 버터처럼 부드러웠다고 전해집니다. 왜, 어떻게? 왜냐하면 자유가 이 사람을 사랑했기 때문입니다. 자유가 그런 엄청난 포기를 보여 주었던 이 왕자와 사랑에 빠진 것입니다. 자유 그 자체가 그의 도망을 준비한 것입니다.

그는 이러한 도망을 하도록, 다시 말해 궁극적으로 그의 함정을 벗어나 자유를 찾는 이러한 운명을 택하도록 지고의 힘에 의해 선택된 것임에 틀림없습니다. 붓다와 같은 처지에 있다면, 누가 잠자리에서 일어나 왕궁을 걸어 나왔겠습니까? 심지어 신들조차도 그들의 여신과 잠자리를 같이 하면서 있었습니다. 이 사람은 모든 것을 버리고 떠날 용기가 있었으므로, 잠에서 깨어났으며, 깨어나도록 선택된 것입니다.

10

나는 장미를 자라게 하는
유일한 원리입니다

베다들은 수천 년이라는 역사를 가지고 있습니다. 또한 세상에서 가장 오래된 경전들이라고 합니다. '베다'라는 말은 지식을 의미하기에, 이들은 지식의 책입니다. 그러나 이러한 베다조차도 지식은 말로 설명될 수 없는 것이라 말합니다. 베다에서는 '네띠-네띠', 즉, "이것이 아니며, 이것이 아니다."라고 말합니다. 지식이 어떤 것이라고 당신이 말을 하려 해도, 베다는 '네띠-네띠'라는 말로 답을 할 뿐입니다. 베다들은 지식의 경전이라 하지만, 베다들은 진리란 말로 할 수 없는 어떤 것임을 인정합니다.

도덕경의 시작 부분에서도 똑같은 말을 하고 있습니다. "말할 수 있는 도는 진정한 도가 아니다."

진리는 언제나 말로 표현되지 않는 것입니다. 우리는 그것에 대한 열망을 할 뿐, 그것이 뭐라 결코 말할 수는 없습니다. 하지만 우리는 어떠한 것을 얻는다든지 획득한다거나 성취하려는 뜻을 품어서는 안 된다는 점을 명심하십시오. 왜 안 된다는 걸까요? 우리가 얻는 이러한 것들은 사라질 수밖에 없기 때문입니다. 그러한 것들은 우리의 소유물이 되지만, 언젠가는 잃게 될 것입니다. 무엇인가를 얻는다면, 이것은 그 획득이 있기 이전에 획득이 없었던 시기가 있었다는 것을 의미합니다. 만일 그러한 획득이 과거의 어떠한 시점에서 없었다면, 그 획득은 소멸될 수 있는 것입니다. 즉, 그것은 언젠가 당신을 떠나 멀리 가 버릴 것입니다. 처음과 중간과 마지막에도 늘 존재하는 텅 빔, 바로 이것이 영원한 진리입니다. 이것이 지식이며, 이것이 참 지식입니다. 다른 종류의 지식은 사람들이 책을 통해 읽는다든지 말을 한다든지 이해하며 실행할 수 있는 것이지만, 그것들은 참 지식이 아닙니다. 그래서 이해할 수 있고, 알 수 있고, 획득할 수 있는 이 모든 것은 진리가 아니기에, 그것들을 상관 말고 그대로 두세요. 진리는 그 밖의 다른 어떤 것입니다.

(새로운 질문자) 지고의 헌신을 성취하는 것은 노력을 통해서 가능합니까? 아니면 전혀 노력을 하지 않음으로써 가능합니까?

정신적이든 육체적이든 모든 종류의 노력을 다 버리십시오. 이러한 모든 유형의 노력들이 당신을 떠날 때, 어떠한 달성이나 어떠한 성취도 남아 있지 않을 것입니다.

그러니까 그것은 노력이 아닌 것을 통해서만 이루어질 수 있다는 말씀이시죠?

신체적이든, 정신적이든, 지적이든, 어떠한 노력도 하지 않으려고 한다면 어떤 일이 일어나겠습니까? 어떤 일이 일어날지 그냥 한번 상상해 보십시오. 최근에 한 프랑스 여성으로부터 이에 관련된 편지를 받았습니다. 그분은 영어를 할 줄 모르시더군요. 그분의 남편이 우리의 대화를 번역해 주셨습니다. 그 분의 편지 일부를 읽어 드리겠습니다.

3일 전에 마야와 멋진 하루를 보냈습니다. 그녀 곁에서 자신이
무엇인지를 아는 같은 이해, 같은 살아 있음을······.

저는 여기서 그 여자분께서 말한 '살아 있음'이 무슨 말인지를 모르겠습니다.

공유한다는 것이 얼마나 기쁜 일인지······. 저는 마야를 오랫동

안 알고 지낸 것 같은 느낌이 듭니다. 그것은 사실입니다. 그녀는 정말로 저 자신의 가슴이며 저 자신의 빛이며 저의 누이입니다. 저는 그녀를 사랑하며, 살아 있음aliveness은 수많은 형태를 취하고 있지만, 그것이 제가 아직도 '타자the other'라고 이름 지어 부르는 것의 모습 안의 존재라서 그것 자체를 인식할 때, 얼마나 행복한지 모르겠습니다. 마야가 이 편지를 번역할 것입니다······

······오늘 아침 새벽에 침대에 평온하게 누운 채로, 저는 멀리 떨어져 있는 제 아이들을 생각했습니다. 그때 "지금, 이 정확한 순간에, 정말로 나의 정체는 무엇인가? 바로 정확한 이 순간에, 나의 아이들의 정체는 정말로 무엇인가?"라는 불타오르는 맹렬한 의문이 생겨났습니다. 이 의문으로부터 어떠한 이미지도, 어떠한 개념도 떠오르지는 않았지만, 갑자기 저는 말들과 이미지들과 개념들 배후에 있는 답을 알았습니다. 저는 움직임도 없고, 시간도 없고, 거리도 없고, 분리의 가능성도 없음을 아주아주 명확하게 알았습니다. 어디를 가나 동일한 것만 있고, 모든 것에서, 모든 사물에서도 동일한 것만 있고, 지금, 바로 지금 이 순간, 시작도 없고, 끝도 없고, 형상도 없고, 색깔도 없는 동일한 존재의 원리만 있고, 상상할 수 있는 모든 것에 대한 진정한 토대만이 있을 뿐입니다. 이 비전은 그것 자신이 존재한다는 것을 알고, 그것 자신이 유일한 존재라는 것을 알고 있기에 존재의 울부짖음이었습니다.

순식간에, 시간의 바깥에. 어떻게 그녀는 이런 것을 알아낼 수 있었을까요? 그런 경험 속에 자신을 두고 그런 경험을 하게 되면 순식간에 볼 수 있습니다. 그리고 그녀는 "시간이 없다."고 말합니다. 직접 경험해 보면 이것이 시간을 벗어나 있음을 알 것입니다. 그렇지 않다면 당신은 그것을 시간 속에 있다고 할 것입니다.

저는 한 번도 떠난 적이 없는, 장소가 없는, 본래의 장소가 바로 저 자신이며, '저' 자체이기 때문에, 저의 원래의 지점으로 돌아왔습니다. 이러한 빛나는 진리에 사로잡혀, 매우 깊은 곳에 자리 잡은 기쁨이 제 안에서 넘쳐흘렀습니다.

나는 앞에서 진정한 사랑에 대해 이야기하고 있었습니다. 진정한 사랑이란 위로 올라가거나 아래로 떨어지지 않습니다. 그것은 초월적인 것입니다.

이러한 빛나는 진리에 사로잡혀, 매우 깊은 곳에 있는 기쁨이 제 안에 넘쳐흐르고 있었습니다. 이것은 마치 방이 달콤한, 소리 없는 독특한 '나'라는 평화로 가득 차 있는 것 같았습니다. 저는 바로 이 순간 제가 모든 것을 움직이는, 유일한 존재 원리라는 것을 선명히 보았습니다. 존재, 지금 그 자체. 저는 그 '지금'입니다. 저는 그 같은 존재입니다. 저는 어떤 이름도, 어떠한 형상도, 어떤 색깔도, 어떤 모양도, 아무런 움직임도 없는, 그러나 '나'라는 의식 속에 등장하는 모든 것에 이름과 형상, 색깔, 모양, 그리고 움직임을 주고 있는 그 존재 원리입니다.

저는 갑자기 한 치의 의심도 없이, 제가 장미를 자라게 하고, 새들을 노래하게 하며, 물이 숲 속에서 흐르게 하는, 자연을 수천 가지 색깔로 칠하는 유일한 원리라는 생각이 들었습니다. 그와 동시에, 제가 모두이지만, 그러나 특정한 어떠한 것도 아니라는 생각이 들었습니다. '나'라는 존재가 없이는 어떠한 것도 존재할 수 없습니다. 그러한 어떠한 것에 대한 지식은 저를 통하지 않고서는 나올 수 없습니다.

스승님, 제가 당신에게 쓰고 있는 것도 약간은 정신이 나간 것입니다. 전하기는 매우 힘들겠지만, 그럼에도 불구하고   제가 이렇게 하려 하는 이유는, 저에게는 빛이자 지혜인 당신의 사랑과 은총이 있다면, 이 글이 또한 당신의 것이 될 것이라는 확신이 있으며, 이것이 제가 그 일을 할 수 있는 이유입니다. "저는 단지 그것일 뿐입니다."

'저는 단지 그것'일 뿐이라는 확신은 더더욱 확고해집니다. 저는 존재 원리이며, 처음부터 근본 원리이며, '나'라는 원리이며 그 밖의 어떤 것도 아닙니다. 저는 모든 것을 차지하고 있으며 어디에나 존재합니다. 저는 모든 것입니다. 그리고 저는 만물에 존재합니다. 저는 전부입니다. 둘을 위한 자리는 전혀 없으며, 어떠한 거리의 가능성, 즉 멀리 떨어져 있을 가능성도 전혀 없습니다.

순식간에 멀리 떨어져 있던 제 자식들은 무엇이 아니라 제 자신이 다시 되었지만, 살아 있는 원리인 저 자신 속에서 나타납니다. 그래서 어떠한 이름도 없으며, 멀리 떨어져 분리되어 있거나 그 밖의 다른 곳에 살아가는 자식들도 더 이상 없습니다. 저는 제가 '제 자식'이라 이름 지어 부르는 것을 통하여 지금 살아가고 나타나는 유일한 존재 원리이며, 또한 저 자신을 유일한 존재로 인식하기 위하여 수십억의 우주를 만들어 내면서 수십억의 형상을 통하여 나타나는 존재 원리이기도 합니다.

만일 그것이 이런 식으로 존재한다면, 저는 지금까지 언제나 끊임없이 존재해 왔던 대로 존재합니다. 그러다가 만일 진화가 있다면, 그것은 그것 자체를 더더욱 깊이 아는, 다시 말해 오직 그것이 되는 이해의 진화일 수밖에 없습니다. 저는 둘이 없이 홀로 유일하게 존재하는 존재 원리일 뿐입니다.

저 자신이 유일한 존재 원리라는 것을 알고 있기 때문에, 두려움은 사라져 버렸습니다. 두려움이 뿌리내릴 장소가 어디에 있겠습니까? 제가 혼자이기 때문에, 누가 누구를 두렵게 만들 수 있겠습니까? 저는 혼자이며 그와 동시에 딸, 아들, 친구, 그리고 위대한 영적 스승 뿐자님의 모습을 통하여 살아가고 있습니다. 저는 또한 동물, 식물, 광물, 그리고 암석의 형태를 띤 존재 원리이기도 합니다. 저 자신의 참나이신 영적 스승님, 저는 현재 니콜에게 하루에 일어나는 어떠한 일이라도 그것을 달성하기 위해서는 오직 한 가지만 해야 한다고 깊이 느끼고 있습니다. 그것은 저 자신을 제가 만지고, 보고, 느끼는 모든 것 안에 있는 유일한 존재 원리로 보는 것을, 특히 저 스스로 유일한 원리 그 자체로서 살아가는 것을, 제가 여전히 타인들이라고 부르는 존재 안에서도 그 원리 자체를 보는 것을 잊지 않는 것입니다. 그리고 만일 이 사실을 잊어버리는 망각이 일어나면, 망각 또한 존재 원리라는 것을 잊지 않는 것입니다. 왜냐하면 그것 이외의 다른 어떤 것도 존재하지 않기 때문입니다. 존재 원리와 텅 빔, 침묵, 그리고 지금은 같은 것입니다. 그것들 사이에는 어떠한 차이도 없습니다.

진심어린 존경과 진실한 사랑을 담아,

니콜 드림

(긴 침묵)

당신은 질문을 하셨습니다. "자유를 얻는 데 노력이 필요합니까?" 라고 물었습니다. 저는 당신에게 답을 드렸고, 이 편지를 읽어 드렸습니다. 이 편지에는 만일 당신이 자유를 원한다면 어떠한 노력도 할 필요가 없다고 나와 있습니다. 만일 100야드 경주에서 우승하고 싶다면, 엄청난 노력을 해야 할 것입니다. 벤 존슨과 같이 금메달을 획득하려 한다면 엄청난 노력을 해야 하겠지만, 이것은 그것과는 다른 것입니다.

하지만 가끔은 노력을 해야 한다는 생각을 합니다. 즉 책을 읽는다든지, 호흡 수련과 같은 어떤 수행을 한다든지, 하여튼 어떤 것이라도 해야 한다는 생각이 듭니다.

만일 호흡이 이런 결과를 낼 수 있다면, 천식 환자들이 당신보다 앞서 있을 것입니다. 그들은 당신보다 훨씬 더 힘들게 호흡합니다.

저는 지금까지 많은 치료 집단들에 속해 있었습니다. 많은 '행위'들이 그곳에서 진행되었습니다. 저는 내부를 들여다보는 집단에 속해 있었습니다. 그것은 노력을 요하는 곳이었습니다. 근원을 찾기 위해 과거로 거슬러 올라가는 프라이멀 요법과 같은 일을 하는 집단에서도 일했습니다.

당신 자신을 보는 데는 조금도 노력이 필요하지 않습니다. 우선, 누가 참나를 보고 있습니까? 그리고 당신이 보고 있는 이 참나라는 것은 무엇입니까?

바로 그 질문입니다. 참나란 무엇입니까?

당신은 참나를 볼 때 노력이 필요하다고 말합니다. 누가 참나를 보고 있습니까? 누가 보고 있는지를 알아내십시오. 누가 참나를 보고 있는지를 알아내십시오.

제 의식, 제 자각입니다.

그렇습니다. 하지만 이 자각이란 무엇이며 그것은 그것이 보고 싶어 하는 대상과 어떻게 다릅니까? 이 자각이라는 것은 당신이 보게 될 대상과 어떻게 다릅니까? 두 개의 자각은 있지 않습니다.

자각은 다르지 않지만, 자각은 자유롭고 싶어 합니다. 자각은 자유나 깨달음을 원합니다.

불평은 자각으로부터 오는 것이 아닙니다. 자각은 "나는 자각하고 싶다."라고 말하지 않습니다. 자각이란……

……더 많이 자각하려 하지요. (웃음)

그것은 당신이 아니라 자각의 문제입니다. 자각에게 맡겨 두십시오. 자각을 그냥 놓아두고 무슨 일이 일어나는지 지켜보도록 하십시오. 그저 자각이 무슨 일을 하는지 보십시오. 그냥 지켜보기만 하세요.

가끔씩은 노력을 하지 않으려는 노력을 합니다.

무슨 말입니까?

무엇이 항상 무엇을 하고 싶어 한다는 거죠.

머리 위에 200파운드의 짐을 지고 있다고 생각해 보십시오. 극도로 무거운 짐으로 인해 당신은 고통을 겪고 고생을 하게 됩니다. 이 무게는 충분한가요, 아니면 짐을 더 올려야 할까요? 아마 당신은 이 모든 짐을 덜어 내기를 바랄 것이며, 그래서 스승께로 가서 어떻게 해야 할지 물어볼 것입니다.

"이건 심각한 문제인데요."라고 그는 말합니다. "여기에 당신의 머리 위에 얹을 20파운드의 사과가 더 있습니다. 이것이 당신의 문제를 덜어 줄 것입니다."

이제 당신은 머리 위에 220 파운드의 짐을 지고 있고 더 심한 고통을 받을 것입니다.

당신은 다른 스승을 찾아가 문제를 말합니다. 그의 해결책은 머리 위에 있는 짐에다 20파운드의 바나나를 더 올리라는 것입니다. 이제 당신은 240파운드를 지고 있습니다.

다음 스승은 "20파운드의 건포도와 아몬드를 머리 위에 올리게 되면 문제는 끝날 것입니다."라고 말합니다.

당신의 머리 위에 올려놓게 한 각기 다른 물건들은 모두가 서로 다른 기법들, 다시 말해 모두가 당신이 이행하도록 지시받은 서로 다른 수행법들입니다. 무게 위에 무게가 더해지지만 그 어느 것도 도움이 되지는 않습니다.

하지만 만일 어느 날 머리 위에 있던 모든 것이 떨어지도록 단지 머리를 흔들어 약간 기울이기로 결정한다면 어떻게 되겠습니까? 일단 머리 위에 있는 이 모든 무게를 더 이상 원하지 않는다고 결정을 내렸다면, 당신이 해야 할 일이라고는 오로지 그저 그 무게를 바닥으로 떨어뜨리는 것입니다. 여기에는 어떠한 노력이나 수년에 걸친 수행이 필요하지 않습니다. 또한 어떤 아쉬람이나 공동 생활체에 들어갈 필요도 없습니다. 만일 어떠한 아쉬람이나 공동체에 들어간다면, 첫 번째로 일어날 일은 누군가가 당신에게 어떤 수행을 해야 한다고 말해 주는 것입니다. 다시 말해 당신 머리 위에 짐을 더 올려놓아야 한다고 말해 주는 것입니다. 그 어떤 누구도 올려놓은 짐들이 스스로 떨어지도록 내버려두라고는 하지 않을 것입니다. 그렇게 한다면 그들은 모두 폐업할 것이기 때문입니다. 그들은 돈을 잃게 될 것입니다.

저는 몇 년 전에 워싱턴에 있었습니다. 저녁 늦게 제과점에 가서 여러 가지 과자들을 집었습니다. 그 과자들을 호텔 방으로 가져와서 그곳에서 먹으리라 생각했습니다. 돈을 지불하기 위해 카운터로 갔을 때, 그곳에서 일하던 여성분에게 제 방에서 먹을 생각이라 말했습니다.

그 여자는 깜짝 놀랐습니다. "불량 식품만 잔뜩 골라왔군요! 혼자서 이 많은 걸 다 먹어서는 안 됩니다. 나이 드신 분이 이런 걸 먹고 지낼 수는 없습니다. 이것들 좀 봐요. 아이스크림, 과자, 젤리. 이 모든 걸 다 버리시죠. 그냥 공복으로 주무시고 내일 아침 식사를 잘 드시는 게 나을 거 같은데요."

그 여성분의 강력한 의견에 저는 놀랐습니다. 만약 제가 사장에게 종업원이 고객에게 물건을 사지 말라고 했다며 일러바치기라도 했다면, 그녀는 곤경에 처했을 것입니다.

하지만 저는 그녀의 충고를 받아들여 그 모든 것을 가게 안에 그냥 두고 나왔습니다. 그냥 내려놓고 나왔습니다. 당신은 끝없이 물건들을 모을 수 있습니다. 당신에게 전혀 도움이 되지 않고 머리에 부담만 지우는 그런 물건들을 말입니다. 그 짐들을 없애기 위하여 새로운 짐을 떠안을 필요는 없으며, 그냥 이미 갖고 있는 짐들을 놓아 버리면 되는 것입니다.

노력하는 일은 더 쉽습니다. 왜냐하면 이것은 당신에게 익숙한 것이기 때문입니다. 저는 노력을 하지 말라고 말하지만, 당신은 수백만 년 동안 노력을 해왔기에 이 조언을 받아들일 수 없습니다. 당신은 노력이라는 측면에서 훈련을 받아 왔으며 당신이 할 줄 아는 것은 이것이 전부이기에 이 노력을 계속하기를 바랄 것입니다. 영적인 길로 접어든 뒤에도 당신은 여기에서 노력하면 성공할 수 있다고 생각합니다.

저는 노력하지 말라고 합니다. 자유를 위해서는 노력이 필요 없으며 단지 침묵만이 필요합니다. 지금껏 익혔던 모든 것을 잊으십시오. 방법을 알려 드리겠습니다. 지금까지 듣거나 읽었던 모든 것을 잊으십시오. 사람들이나 예언자들이 지금까지 말해 주었던 어떠한 조언도 잊으십시오. 모든 것을 다 잊고 자신의 참나만을 보십시오. 지금 이 순간까지 일어났던 모든 일을 잊고 '당신에게 무엇이 부족한지'를 저에게 말해 주십시오. 만일 당신이 모든 것을, 즉 바로 지금 이 순간까지 읽고 듣고 행하였던 모든 것을 잊는다면, 무엇이 남겠습니까? 당신의 대답을 기다려도 되겠습니까?

뭐가 남아 있는지 모르겠습니다.

안 됩니다! 안 됩니다! 알기 위한 노력을 해야 합니다. 지금이 알아야 할 때입니다. 이것을 아는 것은 매우 쉬운 일입니다.

저는 제 존재로 있고 싶습니다.

좋습니다. 당신은 "제 존재로 있고 싶습니다."라고 말합니다. 당신은 자신의 존재로 있기 위하여 어떤 노력을 하였습니까?

그것이 최대의 수수께끼입니다. 왜냐하면 저는 제 존재로 존재하고 있다는 것을 알고 있기 때문입니다.

여기서 잠깐! "나는 내 존재로 존재하고 있다는 것을 안다." 여기서 잠시 멈춥시다. 이 지점에서 멈춥시다. 여기서 멈춥시다! 이것이 종지부입니다. 그밖에 무엇이 있겠습니까? 그것이 끝입니다. 그것이 목표라는 거지요. 그것이 당신이 3천5백만 년 동안 찾아 왔던 목적지입니다.

이보세요, 젊은이. 당신은 노력하는 일에 사로잡혀 있기에, 저는 당신에게 약간의 노력을 하라고 제안할 것입니다.

예, 알겠습니다.

당신이 읽고 듣고 행했던 모든 것을 잊고서 우리는 여기에 노력 없이 도달하였습니다. 그리고 당신은 "저는 제 존재 안에 존재하고 있습니다."고 말하였습니다. 자, 이쪽으로 오세요. 그러면 제가 약간의 노력을 부여하겠습니다. 여기서부터, 즉 이 존재의 장소에서부터 저는 당신이 이 존재로부터 벗어나기 위한 노력을 하기 바랍니다. 자신의 노력으로 "저는 더 이상 제 존재 안에 없습니다."라고 말할 수 있는 그 장소에 도달하려고 애쓰기 바랍니다. 계속 진행하십시오. 이 존재로부터, 즉 당신이 도달한 이 장소에서부터 시작하십시오. 이곳이 어떠한 노력도 하지 않고 당신이 도달한 지역, 즉 존재의 지역입니다. 당신은 모든 것을 잊어버림으로써 여기에 도달하였습니다. 이제 당신은 '존재'라 불리는 중심에 와 있습니다. 모든 것이 그곳에서는 존재가 됩니다. 당신은 노력하기를 바라기에 저는 당신에게 이 장소를 벗어나기 위한 엄청난 노력을 할 것을 요구하며, "저는 더 이상 존재가 아닙니다."라고 말하기를 바랍니다. 한 단계 한 단계 진행하십시오. "저는 그곳으로부터 벗어나고 있습니다."라고 말하십시오. 그것으로부터 나와서 뒤를 돌아보십시오. 무엇인가가 당신을 따라오고 있습니까? 눈을 감지 마십시오. 노력할 때입니다. 이렇게 노력을 하십시오! 이렇게 한 걸음 옮기세요. 걸음이란 무엇입니까? 한 발을 들어 앞으로 움직이며 다시 땅에다 내딛는 것입니다. 그러고는 "나는 비존재의 땅에 내 발을 옮겼다! 여기가 비존재의 공간이다! 나는 더 이상은 존재가 아니다."라고 외치십시오. 당신이 발을 비존재의 공간에 옮길 때 외쳐 주십시오.

여기가 비존재의 공간입니다.

이제 다른 발을 들어 올리세요. 한 발은 비존재의 상태에 있으며, 다른 발은 어디에 있습니까? 당신은 존재 상태에 있으므로, 저는 당신에게 이 존재로부터 벗어나기 위한 노력을 하라고 말했습니다. 아시겠습니까?

불가능할 것 같습니다.

불가능하다고요? 불가능한 일을 위해서는 노력이 불가피합니다. 존재하는 것은 가능했고, 당신은 그렇게 했습니다. 이제 자신의 본래 상태로 돌아오십시오. 한 발을 들어 "예"라고 말하십시오.

제가 바르게 알고 있는지는 모르겠습니다. 마치 바보 같군요.

일단 하고 봅시다. "나는 존재가 아니다. 나는 존재가 아니다."라고 스스로 결정을 내리십시오. 이 존재를 떠나 뒤돌아보려는 결정을 스스로 내려야 합니다. 누군가가 당신을 따라오고 있습니까? 뒤를 돌아보십시오. 누군가가 뒤를 따라 오고 있습니까? 당신 주위에는 누가 있습니까? 뒤에는 무엇이 있습니까?

많은 것들이 제 뒤에 있지요.

그렇지 않습니다. 당신의 몸이 형태인 것과 마찬가지로, 이것도 형태입니다. 이 몸 바깥에 무엇이 보입니까? 뒤쪽에, 앞에, 사방에, 위에, 무엇이 보입니까?

아무것도 없습니다.

아무것도 없습니다. 이것이 '존재'라는 것입니다. 바로 이것이 '존재'입니다. 이제 그것을 피하도록 해보세요. 지금 피하십시오. 어디를 가든지, 이 존재로부터 벗어나십시오. 당신을 따라오지 않도록 그것으로부터 나오십시오. 이러한 노력을 해야 합니다. 뒤를 돌아보고 그것이 당신을 따라오지 않도록 하십시오. 뒤를 따라오고 있는 텅 빔을 밀어내십시오. 그것을 밀어내십시오. 당신은 밀어낼 수 없습니다.
어디로 달리려 하든지, 당신은 존재 속에 있게 됩니다. 존재로부터 벗어나려 할 때마다, 당신은 존재 속에 있습니다. 존재로부터 벗어나려고 노력할 때, 당신이 발을 내리는 곳이 어디이든지, 당신은 여전히 존재 속에 있습니다. 당신은 존재로부터 왔으며 언제나 그 존재 속에 머물러 있습니다. 존재가 아닌 것처럼 보이려 노력을 할 때, 당신은 고통을 받을 것이고, 죽음이라는 보상을 받게 될 것입니다. 죽음은 그들이, 노력을 통해, 존재가 아니라고 생각하는 모든 존재를 기다리고 있습니다.

11

나타났다가 사라지는 것은
속임수입니다

오래 전, 저는 여동생과 함께 산뜨 사로바르에 있었습니다. 그녀는 바드리나뜨로 가는 중이었습니다. 제가 그 아쉬람에 머물고 있다는 것을 알고 여동생은 저를 보러 와서 얼마 동안 머물렀습니다. 옆집에는 어떤 스와미가 머물고 있었습니다. 그는 삿상을 하고 있었으며 많은 사람들이 삿상에 참석했습니다. 사람들이 그의 삿상에 오는 아침 시간에 저는 보통 강가를 산책하거나 거기서 목욕을 하곤 했기 때문에, 저는 한 번도 그를 보러 간 적이 없었습니다. 여동생은 이 스와미의 삿상에 다녔으며 다른 많은 여성들이 참석했다고 저에게 말해 주었습니다. 어쨌든 그는 브린다반에서 꽤 알려진 스와미였습니다. 그는 젊었고 노래도 잘했는데, 이 점이 많은 사람들, 특히 여성들을 끌어들였습니다. 여동생은 약 1주일 동안 매일 그를 보러 갔습니다. 그렇게 방문하던 어느 날 그 스와미가 여동생에게 왜 아쉬람에 왔는지 물었습니다.

"오빠가 여기 머물고 있어요. 저는 오빠를 방문하러 왔고 얼마간을 오빠와 함께 보내요." 여동생이 말했습니다.

"오빠도 삿상에 데려오는 게 어때요?" 그가 물었습니다.

"오빠한테 선생님께서 여기에 계신다고 말하고 내일 데리고 올게 요."라고 그녀가 대답했습니다.

여동생은 집에 와서 "스와미한테 오빠를 내일 삿상에 데리고 간다 고 약속했으니까 꼭 가야 해요."라고 말했습니다.

제가 어떻게 "아니."라고 말할 수 있겠습니까? 저는 여동생과 함께 가서 약 60명의 다른 사람들과 한 방에 앉았습니다.

삿상이 끝났을 때, 스와미가 물었습니다. "여러분 모두 희열을 경험 하셨습니까? 모두 희열을 맛보셨죠?"

많은 사람들이 "네! 네!"라며 소리치고 있었습니다.

그는 한 사람 한 사람에게 물었고, 모두 "네."라고 대답했습니다. 그 런데 제 차례가 되자 저는 "아니요."라고 말했습니다. 그는 놀라서 쳐 다봤습니다.

"여기에 있는 모든 사람이 희열을 경험했다고 말했습니다. 우리는 오늘의 삿상에서 아주 많은 희열을 경험했습니다. 당신은 그것을 경험 하지 않았다고 말하는 유일한 사람입니다. 사람들은 여기서 매일 희열 을 경험합니다. 뭐가 문제죠?"

저는 그에게 무엇이 문제였는지 얘기해 줬습니다. "어제 이 사람들이 여기에 와서 아마도 그들 모두가 희열 즉 아난다를 경험했다고 말했을 것입니다. 오늘 그들이 다시 여기에 와서 희열을 경험했다고 말했습니다. 그 사이에 희열은 어디로 갔습니까? 그것이 어디로 달아났습니까? 그리고 오늘의 희열은 어떻습니까? 그들은 이 문을 나간 지 몇 분 또는 몇 시간 후에 말할 것입니다. '희열은 가 버렸어. 그것은 더 이상 없어.' 당신이 문 밖으로 나갈 때 사라져 버리는 것이라면 우리가 방 안에 있는 동안에도 여기에 있지 않습니다. 아난다는 실제로는 이 사람들 중 어느 누구에게도 오지 않았습니다. 만약 그것이 진정한 아난다였다면, 그것은 항상 있었을 것입니다. 아난다는 오고 가는 것이 아닙니다."

그는 잠시 말을 잇지 못하고 깊은 생각에 잠긴 듯 보였습니다. 그러고 나서 다른 방으로 가서 작은 책 한 권을 들고 왔습니다. 저는 그가 그 책을 들고 있는 것을 보았지만, 그것이 무슨 책인지 일부러 보려고 하지는 않았습니다.

스와미가 말했습니다. "저는 이 마하뜨마가 살아 있는지 죽었는지 모르지만 그는 당신이 지금 말하는 것과 같은 말을 하고 있습니다. 저는 이 책을 최근에 읽었는데 그도 정확하게 똑같은 것을 말했습니다."

그러고는 그 가르침이 들어 있는 책의 이름과 마하뜨마의 이름을 알려 주었습니다.

저는 미소를 지었습니다. "그분은 저의 구루이시고 저는 그분의 제자입니다." 이것이 제가 말한 전부였습니다.

이 스와미는 괜찮은 사람이었습니다. 그는 강단에서 내려와 저를 그의 자리에 서게 했습니다. "거기 앉아서 저희들에게 당신의 구루와 그분의 가르침에 대해 이야기해 주십시오. 그분의 가르침을 듣는 것은 이번이 처음입니다. 당신은 '나타났다가 사라져 버리는 경험들은 영원한 상태의 경험이 아닙니다. 영원한 상태는 결코 오지도 가지도 않습니다. 그리고 그것은 한때 경험되고 다른 때는 경험되지 않는 것이 아닙니다.'라고 말합니다. 이것에 대해 말씀해 주십시오."

저는 방 앞으로 나가서 거기 있는 모든 사람들에게 말하였습니다.

"나타났다 사라지는 것은 속임수입니다. 그것은 마음의 속임수입니다. 마음은 당신을 위해 여러 가지 속임수를 만들어 놓았는데, 이런 일시적인 희열의 상태들도 그 중의 하나입니다. 이런 경험들은 당신 자신의 내적 소망들, 영적인 경험은 이러해야 하는 것이라고 믿는 관념들에서 나옵니다. 당신은 이것이 영적인 길에서 당연히 일어나야 하는 일이라 생각하기 때문에 희열을 원합니다. 당신의 마음이 당신에게 강요를 하고 당신이 즐길 어떤 희열을 만들어 냅니다. 그것은 모두 속임수입니다. 이 속임수에 속은 사람은 어느 누구도 깨달음을 얻지 못했습니다. 만약 그것들이 속임수들임을 안다면, 당신은 그것들 안으로 걸어 들어가지 않을 것입니다. 일시적인 모든 것, 즉 나타났다가 사라지는 것은 모두 속임수라는 것만 알면 그것으로 충분합니다. 이런 지식으로 당신은 일시적인 것들에 가까이 가지 않는 식별력을 가질 수 있을 것입니다. 그것이 아무리 즐겁다 하더라도 그것에 상관없이 영원하지 않은 것에 대한 거부는 쾌락과 희열을 좇는 마음의 습관에 맞설 것이고, 그렇게 하면 그것은 당신으로 하여금 당신 본래의 상태로 데려다 줄 것입니다."

알다시피 마음은 계속 바쁘게 움직이기를 좋아합니다. 마음은 당신을 위한 목표를 세워 놓고 그것을 달성하려고 노력할 것입니다. 그 마음은 이러한 일시적 희열의 상태들을 당신의 목표로 만들고, 그러고 나서 그것들을 얻기 위해 열심히 일하게 합니다. 그러면 당신은 무엇인가 대단한 것, 영적인 어떤 것을 이루었다고 생각하게 될 것입니다. 이것은 단지 미룸에 지나지 않습니다. 당신은 깨달음을 내년으로 또는 다음 생애로 미루는 것입니다.

(새로운 질문자) 이런 종류의 속임수, 이런 유형의 사마디와 당신께서 종종 말씀하시는 인위적이지 않고 자연발생적인 희열과의 차이점은 무엇입니까? 제가 내부로 끌려 들어갈 때, 저를 안으로 끌어당기는 자동적인 내부로 향함이 있고, 그곳에서 마음은 평화로움을 얻습니다. 마음은 매우 일점지향이 되고 고요합니다. 여기에 있는 모든 분들이, 언제나 꼭 그런 것은 아닐지라도, 당신의 면전에서 이 같은 일을 경험

한다는 것을 압니다. 그래서 제 질문은 "사람들이 얻으려고 애쓰는 사마디라는 희열과, 우리가 당신의 현존 하에서 아주 자연스럽게 느끼는 것처럼 보이는 희열과 평화 간의 차이점은 무엇입니까?"입니다.

당신이 느끼는 평화는 아무것도 하지 않음으로 오는 결과입니다. 그것이 바로 차이점입니다.

사실입니다. 그 말이 맞습니다.

아무것도 하지 않음으로써, 아무것도 얻으려 하지 않음으로써. 그것은 당신이 모든 활동을 없애고자 결심하는 그 순간이나 찰나의 결과입니다. 그때, 그 순간에 평화와 행복을 얻게 됩니다. 이것이 당신에게 행복을 주는 순간입니다.

보통 행복의 느낌은 어떻게 당신에게 옵니까? 그것은 어떤 특정한 소망이 이루어지는 순간에 나타납니다.

당신은 "이웃사람이 최신형 메르세데스 한 대를 예약해 놨기 때문에 나도 한 대 갖고 싶다. 또 해변이 보이는 새 아파트도 가지고 싶다. 이런 것들이 나를 행복하게 만드는 것들이다. 나는 그것들을 원한다." 라고 말합니다.

그리고 욕망들을 이루기 위해 일하기 시작합니다. 은행으로부터 대출을 받고 친구들로부터 약간의 도움도 받습니다. 모든 사람이 당신의 새로운 열광에 합류합니다. 아내는 새 차를 원합니다. 아이들도 새 차를 원합니다. 모든 사람이 새 모델의 차를 원합니다. 이제 당신은 낡은 포드 차로는 절대 행복해질 수 없다고 확신합니다. 결국엔 새 차가 나타나고 당신은 모든 사람이 부러워할 수 있도록 길거리에 주차시킵니다. 모든 사람이 당신 집 앞에 서 있는 새 차를 볼 때면 기분이 좋아집니다.

이 과정은 욕망들과 목표들이 다르다는 점만 제외하고는, 요가 수행자들이 희열을 얻기 위해 겪는 것과 똑같습니다. 거기엔 희열의 상태를 경험하고자 하는 욕망이 있습니다. 그들은 다양한 요가 수련을 통해 그것을 얻으려고 열심히 연습합니다. 그 결과 희열에 찬 경험을 하게 됩니다. 그리고 희열의 상태로부터 나올 때 그들은 욕망의 대상을 얻었기 때문에 자신에 대해 기쁨을 느낍니다.

자, 이런 행복은 어디로부터 왔습니까? 경험자는 경험 전이나 경험하는 동안이나 혹은 그 이후에도 똑같은 상태였습니다. 거기에는 아무것도 바뀐 것이 없었습니다. 차는 강철, 고무 등으로 만들어집니다. 기계로 만들어지는 행복이란 부품은 절대 없습니다. 이 모든 금속과 고무를 살 때 행복은 당신의 것이 됩니다. 실제로 어떤 일이 일어났습니까? 새 차를 산 것이 어떻게 당신 안에서 행복이라는 감정을 만들어 냈습니까?

처음에 당신은 새 차를 가지고 싶다는 욕망 때문에 괴로웠습니다. 이 욕망은 그것을 사기 위한 돈을 모으기 위해 일하는 동안에도 항상 당신을 괴롭히고 고통을 주었습니다. 그러나 그 차를 가지게 되었을 때, 당신은 갑자기 행복함을 느꼈습니다. 왜 그런가요? 그것은 새 차를 가지고 싶다는 욕망이 더 이상 없기 때문입니다. 당신을 행복하게 만든 것은 새 소유물의 획득이 아니라, 욕망의 갑작스런 부재였습니다.

욕망이 더 이상 없을 때, 당신은 행복합니다. 욕망이 완전히 없어질 때, 당신은 항상 행복하며, 이것이 해방입니다. 해방은 당신의 명상이나 성지순례의 결과가 아닙니다. 그것은 산의 동굴에 들어간다거나 자선을 베풀거나 수뜨라를 읽는 데서 기인하는 것이 아닙니다. 욕망이 있는 한, 삼사라도 그곳에 있습니다. 욕망이 있는 한 고통도 그곳에 있습니다. 모든 사람은 일상생활에서 이것을 알 수 있습니다.

누가 깨어 있는 상태에서 행복합니까? 그 질문에 대한 대답은 "아무도 없다."라고 저는 생각합니다. 왕과 백만장자들은 모든 것을 가졌지만 행복하지는 않습니다. 가장 부유한 사람들부터 가장 빈곤한 사람들에 이르기까지 이 뱀과 같은 욕망이 물어뜯지 않은 자가 없기 때문에 아무도 행복하지 않습니다. 이 욕망은 바로 뱀이며, 그 뱀에게 물리지 않은 사람은 아무도 없습니다.

깨어 있는 상태를 생각해 보십시오. 만약 그 상태가 그렇게나 기분 좋고 편안하며 평화로운 상태라면, 왜 그것을 거부하고 그렇게 쉽게 잠자러 갑니까? 그것이 그렇게 좋은 상태라면, 왜 그것을 거부합니까? 모든 사람은 낮 동안의 욕망이 우리를 기진맥진하게 하기 때문에 잠을 자야만 합니다. 마음의 바쁜 활동이 우리를 지치게 하기 때문에, 매번 깨어 있는 기간의 마지막에 마음은 휴식을 필요로 합니다. 모든 사람은 수면 상태 동안에 행복과 평화를 느낍니다. 그 동안에는 마음이 더 이상 당신을 괴롭히지 않기 때문에 행복과 평화가 있습니다. 거기에는 어떤 정신적 거래도 없고 고통을 주는 어떤 욕망도 가지지 않음으로부터 생기는 만족만이 있습니다. 잠자는 동안에는 주체와 객체, 마음과 현상 사이에 아무런 거래도 없기 때문에 당신은 안정을 느낄 수 있습니다. 주체와 객체의 구분이 없으면, 평화와 안정이 있습니다.

심지어 사마디의 상태에서도 주체와 객체 사이에 오가는 미묘한 거래가 있습니다. 즉 명상을 하는 주체와 명상의 대상이 되는 객체 사이에 말입니다. 명상을 할 때 이러한 관계는 틀림없이 있습니다. 명상자인 나는 하나의 존재이며 주체이고, 명상의 대상은 다른 무엇입니다.

이 주체와 객체의 관계를 없애기 위해서, 우선 명상자가 누구인지 의문을 가지세요. 명상자가 누구인가를 알아내고, 명상이 왜 필요한지를 알아내십시오. 이것은 반대 방향으로 움직이는 것입니다. 당신이 경험하고 있는 대상과 연결됨으로써 마음과 더불어 하류로 움직이지 말고, 상류로 올라가 그 근원을 찾아내십시오. 물결을 따라가지 마십시오. 반대 방향인 상류로 올라가서 명상자가 누구인지를 알아내십시오. 아마도 당신은 지금 여기에서 당신의 계정을 청산해 줄 해답을 찾게 될 것입니다. 그러나 근원을 찾아 위로 올라가는 이러한 결정은 대부분의 사람에게 나타나지 않습니다. 당신이 무엇을 하든, 당신은 행위들의 행위자가 누구인지, 누가 명상을 하는지를 결코 탐구하지 않습니다. 무언가를 즐길 때 당신은 그 즐거움에 몰두하지만, 그 순간 누가 그 즐거움을 경험하고 있는지를 결코 묻지 않습니다. 모든 사람은 즐거움의 원인을 즐기는 대상 탓으로 돌립니다. 이를테면 새 차와 같이 영원하지 않고 일시적인 대상의 탓으로 돌려 버립니다. 이것이 바로 삼사라가 출현하는 방법입니다. 우리는 결코 행복 또는 희열의 원인이 그것을 경험하고 있는 사람에게 있다고 여기지 않습니다. 우리는 오로지 그 원인을 그 사람이 즐기고 있는 대상 탓으로 돌려 버립니다.

당신은 오직 깨어 있는 상태에서 대상들의 즐거움을 경험합니다. 그러나 이러한 깨어 있는 상태의 대상들로부터 얼마나 많은 즐거움을 얻어 내는가는 중요하지 않습니다. 당신은 잠자러 갈 때 항상 그 대상들을 거부합니다. 가장 아름다운 경험은 아마도 깨어 있는 상태에서 그곳에 있을 것입니다. 가장 아름다운 사람, 당신에게 가장 소중한 사람은 아마 깨어 있는 상태에 그곳에 있을 것입니다. 하지만 잠들 때에 당신은 그 모든 것을 거부합니다. 당신은 경험이라든지 가장 소중한 사람이 없이 홀로 잠이 들고, 그 상태에서 이전에 나타났던 모든 것을 잊어버리고 평화를 찾습니다. 진정한 평화를 가지기 위해서는 당신이 분리된 대상들로서 사랑하고 즐기는 모든 것과 떨어져 혼자여야 합니다. 이 상태에서 경험하는 행복과 평화는 소멸하는 그 어떤 것에도 기인할 리가 없습니다. 어떤 대상이나 어떤 경험을 즐기는 것에 의존해 있지 않은 이 희열은 소멸할 수 없는 영구적인 것입니다. 그 밖의 다른 것들은 소멸될지라도 이것은 남아 있을 것입니다. 모든 사람들이 행복을 잘못된 곳에서 찾고 있기 때문에, 아무도 이 행복이 어디에 있는지 모릅니다.

모든 존재들은 행복해질 필요가 있습니다. 모든 존재들은 행복을 찾고 있지만, 그러나 아무도 그것이 어디에 있는지 모릅니다. 사람들, 새들, 동물들 그리고 심지어 식물들까지도 행복해지는 것이 타고난 본능이기 때문에 이 잡기 힘든 행복을 찾고 있습니다. 누구도 고통 속에 살고 싶어 하지 않습니다. 심지어 우리가 딛고 있는 땅도 행복을 원하고 고통 받고 싶어 하지 않습니다. 새는 상처 입기를 원하지 않고 동물도 그러합니다. 모든 것들이 이 잡기 힘든 행복을 찾고 있지만 어디서 찾을 수 있습니까?

저는 처음에 마음의 속임수들에 대하여 얘기하고 있었습니다. 행복은 마음의 속임수들 중 그 어느 것에서도 발견되지 않습니다. 행복은 마음의 부재 시에만 발견됩니다. 언젠가 여러분 모두는 그것을 알게 될 것입니다. 모든 사람은 잠자리에 들 때 이것을 맛보고 이것에 대해 경험합니다. 잠이 찾아오면, 모든 것은 사라집니다. 그러나 당신은 홀로 평화롭게 남아 있습니다. 당신이 깨어나면 "오, 참 잘 잤다. 행복하고 만족스러웠어. 꿈조차 꾸지 않았어."라고 말합니다.

이 수면의 상태는 번갈아 찾아오는 세 가지 단조로운 상태들 중의 하나에 불과합니다. 그것은 자유나 해방의 최종 상태는 아니지만, 마음의 활동과 대상들이 소멸되는 상태입니다. 수면의 경험은 마음이 그 활동을 멈출 때 평화가 퍼진다는 것을 가르쳐 줍니다. 마음이 깨어 있는 상태의 대상들과 갈망으로 바깥으로 튀어나오는 것을 멈출 때, 당신은 완전한 자각으로 있는 평화와 자유를 얻게 됩니다. 이것이 최고의 초월적인 상태입니다.

그것은 어떻게 얻어질 수 있습니까? 어떤 사람들은 그것을 이루었습니다. 많은 사람들이 그것을 요가, 사마디, 명상 등을 통해 얻으려 노력해 왔으나, 어느 누가 영구적인 결과를 얻습니까?

하지만 그것은 이루어질 수 있습니다. 수단들은 중요하지 않습니다, 중요한 것은 결과입니다. 그것은 이루어질 수 있습니다.

스승님은 사마디가 요가 수행자들에게 함정이며, 염주가 박따에게 함정이라고 말씀하셨습니다. 헌신자들에게 있을 수 있는 다른 속임수들은 어떤 것입니까? 저는 스승님께서 '냄새 나지 않는 꽃'이 되지 않는 헌신자에 대해 말씀하셨고, 이 때문에 그들이 목표에 도달하지 못한다고 말씀하시는 것을 들었습니다. 이것은 또 다른 속임수입니까?

'냄새 나지 않는 꽃'은 함정이 아닙니다. 그것은 다른 비유입니다. 냄새 나지 않는 꽃은 하나의 생각도 갖지 않는 마음을 의미합니다. 그 상태는 당신에게 효과가 있을 것입니다. 그것은 그 자체로 완전합니다. 그것은 깨달음이며, 당신은 어떤 다른 것이 필요하지 않습니다.

'어떻게 마음을 멈추게 할 수 있을까요?' 이것이 오늘 아침의 주제였습니다. 아무런 생각이 없는 순수한 상태의 마음은 냄새 나지 않는 꽃입니다. 오직 냄새 나지 않는 꽃만이 신에게 바쳐지고 받아들여질 수 있습니다. 당신이 생각들과 개념들을 일으키면, 당신의 마음은 더 이상 '냄새 나지 않는' 것이 아닙니다. 그것은 더 이상 신에게 드리는 선물이 아닙니다.

신을 만나고자 하는 헌신자는 자기 염주의 구슬을 세기 시작합니다. 손이 염주의 구슬을 따라 움직이고 있는 동안, 마음은 그것이 마주치는 모든 감각 대상들을 통하여 돌아다닙니다. 이것이 계속되는 동안 마음은 그 밖의 다른 곳에 있습니다. 마음은 고요하지 않고 통제되지도 않습니다. 마음의 문제는 다루어 해결되지 않았습니다.

"나는 명상을 해야 한다."는 생각이 떠오릅니다. 이 생각, 이런 의도가 나타나면, 마음의 꽃은 냄새가 납니다. "나는 명상을 해야 한다."라고 생각하면, 당신은 평생 동안 계속해야 할지도 모를 지루한 판에 박힌 생활로 들어갑니다. 그리고 이러한 판에 박힌 생활을 하는 동안, 자유를 찾는다는 본래의 목적은 잊어버리고 맙니다. 당신은 그것을 완전히 잊어버립니다. 저는 이 같은 사람들을 많이 봐 왔습니다. 그들은 명상, 기도, 그리고 다양한 의식들을 행하고 있지만, 이런 의식들의 궁극적인 목적은 잊고 있습니다.

저는 말합니다. "만약 마음속에 생각이 없다면, 그 순간의 당신은 누구입니까?" 만약 생각을 떠올리지 않는다면, 만약 당신이 바탕 그 자체, 근원 그 자체로부터 하나의 생각을 휘젓지 않는다면 그 순간의 당신은 누구입니까? 단 하나의 생각도 일으키지 말고 당신이 누구인지를 보십시오. "나는 명상을 해야 한다."라든지 "이 의식을 행해야만 한다."라는 생각을 하지 마십시오. 만약 생각이 일어나면, 그것을 자세히 조사하십시오. 그 생각이 어디로부터 왔는지 알아내십시오. 만약 당신이 열심히 이렇게 한다면, 이 생각은 사라질 것입니다. 만약 당신이 이것을 적절하게 하여, 이 생각이 사라질 때, 모든 것은 끝날 것입니다. 이 생각이 사라질 때, "나는 명상을 해야 한다."라든지 "나는 이 의식을 행해야 한다."는 모든 생각들도 그것과 더불어 사라질 것입니다. 당신은 근원에 있습니다. 당신이 바로 근원입니다. 이 탐구는 당신을 생각이 사라지는 근원으로 데려다 줄 것입니다. 다른 어떤 생각, 다른 어떤 수행은 당신을 근원으로부터 멀리 떨어진 어떤 다른 곳으로 데려갈 것입니다. 당신은 그것을 꽉 쥐고 있을 것이며, 영원히 그것을 쥐고 있을 것입니다. 당신은 이 생각에, 이 방법에 집착되어, 그것을 영원히 붙들고 있을 것입니다. 이것이 모든 수도원에서 일어나는 일입니다. 이것이 수행들에 매달려 있는 모든 사람들에게 매일 일어나는 일입니다. 이런 애착들은 결과를 낳지 못합니다. 단지 방법에 대한 집착만 있지, 자유라는 목적을 잊어버리고 있기 때문입니다.

우리의 진정한 목적은 참나의 실현, 깨달음, 참나가 주는 자유입니다. 만약 당신이 "나는 바로 지금 깨닫지 못하고 있기 때문에 참나를 실현해야만 하고, 그렇게 되기를 원한다."고 생각하기 시작하면, 그때 당신은 곧 자기 자신에게 굴레의 생각을 부과하게 됩니다. 자유를 향한 당신의 추구는 '자유란 당신이 아직 가지고 있지 않은 어떤 것'이라는 이 관념에 사로잡혀 버린 것입니다. 당신은 "나는 속박되어 있다."라는 이 생각을 받아들이고, 그 다음 자신에게 방금 씌워 버린 이 속박의 관념을 없애는 데 도움을 줄 수 있는 방법이나 책이나 또는 스승을 찾아 나섭니다.

어떠한 책도 당신을 위해 이 관념을 없애지 못할 것입니다. 우선, 자신에게 물어보십시오, "내가 속박되어 있다고 누가 나에게 말했는가?" 속박이 어디에 있습니까? 속박 그 자체를 탐구하십시오. 속박되어 있는 것처럼 보이는 사람이 누구인지 조사해 봄으로써 그 속박을 문제 삼으세요. "누가 속박되어 있는가?" 자신에게 이 질문을 던지면 그것은 당신을 속박의 개념이 존재하게 된 곳으로 데려다 줄 것입니다. 그것은 어떤 책이나 스승도 말해 줄 수 없는 그곳으로 데려다 줄 것입니다.

당신이 해야 할 일이란 오로지 이 장애물을 없애는, 다시 말해 속박되어 있는 누군가가 있어, 이 속박을 초월하기 위해 열심히 노력할 필요가 있다는 이 관념을 없애는 것입니다. 빛이나 지혜를 찾기 위해 열심히 애쓰는 대신에, 이 장애물이 무엇인지를, 즉 처음 당신을 영적인 길로 들어서게 한 "나는 속박되어 있다."는 이 관념이 무엇인지를 찾아내십시오.

"나는 묶여 있다."는 관념은 깨달음과 영적 수행에 관한 당신의 모든 관념들이 세워져 있는 마음의 토대입니다. 당신은 이 토대 위에 굳건히 자리 잡고, 거기로부터 모든 방법들과 수행들을 발전시키고 추구합니다. 만약 이 최초의 장애물, 즉 "나는 묶여 있다."라는 관념을 없애지 못한다면, 당신의 수행은 영원히 계속될 것입니다.

"나는 묶여 있다."라는 이 생각을 조사하는 데 어느 정도 시간을 투자하십시오. 이것에 대해 작업하십시오.

속박되어 있다는 이 최초의 생각이 제가 자신에게 부과한 어떤 짐으로 보이지는 않습니다. 사람이 삶을 살아갈 때, 그는 무엇을 하고 있는 자신을 보기 시작하고 결국엔 그것에 대해 불만을 품게 됩니다. 이 한계감은 이미 존재하고 있으며, 이것으로부터 "제한받지 않는 것이 가능한가?"라는 생각이 일어납니다.

당신은 이 한계를 다른 사람에게서 빌려 온 것입니다. 그것은 다른 사람이 계속 당신에게 주고 강요한, 빌려 온 생각입니다. 생애의 시작부터 당신은 한계에 대해 간접적으로 들어 왔습니다. 아주 어렸을 때 어머니는 말합니다. "나는 너의 엄마이고, 이분이 너의 아버지시다." 후에 부모님은 말씀하실 것입니다, "이 사람들이 친척이고, 이것이 네가 믿어야 할 종교다." 이 모든 생각들이 당신에게 주어지며, 당신은 생각하지도 않고 그 모두를 받아들입니다.

네, 사람들은 "당신은 이렇게 해야 한다, 저렇게 해야 한다."라고 말합니다.

한계지어지기 시작하고, 순진한 아이는 조용히 그것들을 받아들입니다. 처음에는 부모가 당신을 가르치고, 다음엔 사제들이, 그 다음엔 일반 사회가 가르칩니다. 당신 스스로 받아들인 이런 한계들은 여러 근원들로부터 당신에게 다가옵니다. 당신은 다른 사람의 의견들을 받아들여 왔기 때문에 스스로 진리를 배우지 못했습니다.

정말로 사리분별이 뛰어난 몇몇 사람들은 이 모든 관념들, 즉 다른 사람들이 부과하려고 애쓰는 이 모든 한계들에 질문하는 시간을 찾게 될 것입니다.

그러한 사람들은 말할 것입니다. "나는 자유롭고 싶다. 누구로부터 내가 이런 한계들, 이런 생각들을 얻게 되었는가?" 그는 이렇게 위에서 부과된 한계들을 떨쳐 버리고 자신의 진정한 본성을 보게 될 것입니다. 이것이 과정입니다.

12

'나는 자유롭다'는 지식은 가까이 다가오는 어떠한 생각이라도 태워 버리는 불꽃입니다

가끔 저는 자유롭고 또 그렇게 산다고 알고 있습니다만 어떤 때는 불안하고 피곤합니다. 상처받거나 아플까 봐 두렵습니다. 무엇인가가 부족하다는 생각이 들고 진정한 나를 잊습니다. 진정한 앎의 상태에서 영원히 살게 되는 때가 있습니까?

당신은 '가끔'이라고 말했습니다. 가끔 당신은 자유롭다고 느끼고 가끔은 그렇지 않다고 느낍니다. 당신은 그렇게 말하였습니다. 그래서 어떻다는 것입니까? 누가 그 자유를 훔쳐 가기라도 하나요? 누가 자유를 뺏어 갑니까? 그 자유 속으로 들어오는 것은 어떤 생각일 것입니다. 그 생각이 당신의 자유를 침해하고, 당신을 붙잡아 과거 속으로 데리고 갑니다. 주의 깊고 방심하지 않는다면, 그 침입자들은 당신을 괴롭히지 못합니다.

모든 사람은 살면서 이유 없이 행복하고 평화로운 순간이 있습니다. 그 이유 없는 행복과 평화는 불과 몇 초 또는 몇 분 지속될 수 있겠지만, 모두들 제가 무엇에 대해 말하고 있는지 아실 겁니다. 사람이 자유로움을 느끼고 만족스러우면, 거기에는 고통이라고는 없으며 생각도 없습니다. 바로 그때 우리는 방심하지 않고 정신을 똑바로 차리고 있어야 합니다. 생각이 당신의 평화를 침범하려 들 것이라는 것을 알아야 합니다. 대부분의 사람들은 이 방심하지 않는 자각을 지속시키지 못해 평화를 강탈당합니다. 만약 어떤 생각이 들어와 평화를 강탈한다면, 그것은 당신이 강도가 올 때 잠들어 있었다는 증거입니다. 항상 자각하고 있으면서 방심하지 않으면, 어떤 것도 어지럽게 하거나 평화를 뺏어갈 수 없습니다.

진정으로 자각하고 있을 때는, 어떠한 생각도 들어와 자유를 침해할 수 없습니다. 왜냐하면 그 궁극적인 자각의 상태는 불꽃, 즉 지식의 불꽃이기 때문입니다. 그 불꽃 속으로 들어오려는 것은 모두 타서 재가 됩니다. "나는 자유롭다."는 지식은 가까이 다가오는 어떠한 생각이라도 태워 버리는 불꽃입니다.

"나는 자유롭다."는 "나에게는 대상들과 관련해 여기저기 떠도는 생각들이 없다."는 뜻입니다. 이 상태에서는 어떤 것도 자유를 침해하거나 평화를 침범할 수 없습니다.

　이것은 아무도 당신에게 말해 준 적이 없는 것입니다. 누구도 이렇게 하는 것을 당신에게 강요하지 않았습니다. 그것은 혼자 힘으로 습득해야 하는 것입니다. 당신 생에 처음으로, 3천5백만 년 동안 반복되어 온 화신들 중 처음으로 이것을 습득할 기회가 찾아왔습니다. 모든 사람이 잠들어 있습니다. 모두 자신들의 평화를 수백만 번이나 도둑맞고 있지만, 깨어나 그 도둑을 잡는 사람이 아무도 없습니다.

　이 도둑들은 당신에게 탄생과 고통과 죽음의 끝없는 근심을 주지만, 당신이 주의 깊게 깨어 그것들을 계속 몰아낸다면 죽음의 신인 야마조차도 포기하고 당신을 내버려둘 것입니다. 단순히 깨어 있으면서 지켜보고 방심하지 않는다면 어떤 것도 당신을 혼란스럽게 할 수 없습니다. 프랑스 여성 니콜이 보낸 편지를 제가 읽어 주는 것을 들어 보셨습니까? 그녀는 제가 무척이나 좋아하는 속임수에 대해 말했습니다. 다시 들어 보십시오.

　　저 자신의 참나이신 영적 스승님, 저는 현재 니콜에게 하루에 일어나는 어떠한 일이라도 그것을 달성하기 위해서는 오직 한 가지만 해야 한다고 깊이 느끼고 있습니다. 그것은 저 자신을 제가 만지고, 보고, 느끼는 모든 것 안에 있는 유일한 존재 원리로 보는 것을, 특히 저 스스로 유일한 원리 그 자체로서 살아가는 것을, 제가 여전히 타인들이라고 부르는 존재 안에서도 그 원리 자체를 보는 것을 잊지 않는 것입니다. 그리고 만일 이 사실을 잊어버리는 망각이 일어나면, 망각 또한 존재 원리라는 것을 잊지 않는 것입니다.

아시겠습니까? 이것이 그 답입니다. 이것은 특별한 것입니다.

이해합니다. 그러나 종종 그렇게 살기가 너무도 어렵습니다.

그것은 당신 주위의 사람들 모두가 다르게 행동하고 있기 때문에 어려워 보이는 것입니다. 당신도 지금까지 그들처럼 행동해 왔습니다. 단순하고 자연스러우며 자발적인 삶을 사는 것이 뭐가 어렵다는 것입니까? 모든 사람이 삶을 이처럼 살려고 하지 않기 때문에 어려워 보이는 것일 뿐입니다. 사실 그렇게 사는 것이 가장 쉬운 방법입니다. 왜냐하면 그것이 당신 자신의 본성이기 때문입니다. 처음에는 그렇게 사는 것이 어려울 수 있습니다. 당신의 사회집단에서는 그 누구도 그렇게 사는 사람이 없기 때문입니다. 그들 모두는 같은 배를 타고 다른 방향으로 항해를 하고 있습니다. 다른 사람들을 따라가지 말고 자신의 길을 가야 합니다. 당신의 길은 많은 사람들이 가는 길이 아니라 면도날처럼 오직 혼자서 가는 고독한 길일 것입니다. 원한다면 그 길을 가십시오. 원하지 않는다면 많은 사람들이 탄 배를 타고 가십시오. 강요하지 않습니다. 당신이 원하는 대로 할 수 있습니다. 어떤 압력도, 어떤 강요도, 어떤 요구도 없습니다. 느낌대로 하십시오. 그것이 이롭습니다. 생각대로 하십시오. 그것이 현명합니다. 일단 하십시오. 그리고 어떻게 되는지 보십시오. 그 뒤 이 대안적 생활방식이 좋다 싶으면 그때 그렇게 사십시오. 그것은 당신이 결정할 일일 것입니다. 만약 이 길을 따른다면 당신은 혼자가 될 것이고 결국에는 세상과 싸울 수도 있습니다. 그러나 곧 세상이 당신을 따를 것입니다. 하지만 처음에는 누구도 당신이 하고 있는 것을 좋아하지 않을 것입니다. 많은 사람이 이 문제를 경험했습니다. 그들 중 많은 사람이 다른 방법, 다른 길을 선택해서 어려움을 겪었습니다. 진리를 말한다는 이유로 십자가를 져야 했습니다. 진리를 말한다는 이유로 돌에 맞아 죽어야 했습니다. 그들에게 무슨 죄가 있었습니까? 그들의 죄는 사람들에게 바른 삶의 길을 말한 것뿐입니다. 그들은 시장에서 진리에 대해 말했다는 이유로 독배를 마셨습니다. 십자가에 못 박히거나 돌에 맞아 죽어야 했습니다. 그들은 진리를 말했을 뿐입니다. 그러나 이 진리를 공개적으로 말하는 것은 매우 드문 일입니다. 대부분의 사람들은 그들이 하는 말을 귀 기울여 듣지 않을 것이고, 그래서 이러한 사람들에게는 삼사라가 계속될 것입니다.

"나는 나 자신을 자유롭게 해야만 한다."는 생각은 대부분의 사람들에게는 일어나지 않습니다. 이 생각은 그들의 마음속에 떠오르지도 않습니다. 만약 그런 생각이 어떤 개인의 마음속에서 일어나면, 십만 명의 사람들이 나타나 그가 그 생각과 관련해 어떤 일도 하지 못하게 할 것입니다. 이 사람은 아마 결국에는 그들의 말에 귀를 기울이게 될 것입니다. 왜냐하면 그는 감히 홀로 그 길을 가지 못하기 때문입니다.

13

무엇을 경험하든,
그것을 거부하십시오

우리는 어제 속임수에 빠지는 것에 대해 대화하고 있었습니다. 당신은
사마디의 속임수에 빠져드는 요기, 말라 기도의 속임수에 빠져 드는 박
따 등을 말씀하셨습니다. 또 공동체가 속임수라고도 말씀하셨습니다.

그렇습니다. 어제 우리가 말한 그 모든 속임수들은 외적인 속임수
들이었습니다.

맞습니다.

어제 우리가 토론한 내용을 기억합니다. 말라, 독서, 다른 방법들을

따르기 등등. 오늘은 내적 함정들을 다룹시다. 어제 우리가 이야기한 것들은 모두 외적 함정들이었습니다. 내적 함정들에 대해 이야기해 봅시다.

내적 함정들이란 무엇입니까? 다섯 개의 내적 함정이 있습니다. 첫 번째는 몸입니다. 즉 음식으로 만들어진 몸과 동일시하는 것(안나마야꼬사)입니다. 그 다음은 생명력을 가진 호흡, 즉 쁘라나로 만들어진 몸인 생명력의 몸(쁘라나마야꼬사)입니다. 이것은 내부에 있습니다. 그렇죠? 그 다음에 마음의 몸, 즉 마음(마노마야꼬사)이 있습니다. 그 다음에 지성의 덮개, 즉 지적인 몸(비갸나마야꼬사)이 있습니다. 마지막으로 희열의 몸(아난다마야꼬사)이 있습니다. 이 몸속에는 희열을 향한 애착이 있습니다. 소위 이 모든 몸들, 즉 '나'가 작용하는 이 덮개들은 속임수들입니다. 자유는 외적 속임수들 너머에 있습니다. 이것들은 내적 속임수들입니다. 사람들은 "나는 몸이다." 또는 "나는 생명력을 가진 호흡이다." 또는 "나는 마음이다." 또는 "나는 지성이다." 또는 "나는 희열이다."라고 말합니다. 우리는 자유와 만날 수 있기 전에 이 모든 내적 동일시들 너머로 가야 합니다. 내적 속임수와 외적 속임수 둘 다가 없어져야만 합니다.

스승님은 우리가 결국에는 어떻게 이 몸들 중 한 몸과 동일시하는가를 설명하고 있습니다. 저는 제 안에 자기의식이 있는 것을 느낍니다. 이

'자기'와의 동일시가 이 내적 속임수들 중 하나입니까? 스승님께서는 최근에 '나'라는 생각을 이해하라고 말씀하셨습니다. 저는 그동안 그것을 조용히 탐색해 왔습니다. 그런데 어제 스승님께서는 제게 "누가 묶여 있는가?"라고 물으라고 하셨습니다.

그렇습니다. 이 '나'라는 생각이 가장 근원적인 생각입니다. 모든 것은 여기서 시작됩니다. 여기서부터 굴레가 시작됩니다. 여기서 무지가 시작됩니다. 여기서 삼사라가 시작됩니다. 이 '나'라는 생각에 이르러 그것을 깊이 생각해 볼 때, 당신은 생각의 근원으로 돌아가게 되고, 그러면 거기서 생각 자체가 사라집니다.

'나'라는 생각이 결합하여 동일시하고 있는 모든 것을 하나하나 거부하여 '나'라는 생각을 격리시키는 것이 좋습니까?

무엇을 경험하든, 그것을 거부하십시오. 당신 자신을 발견하는 곳은 그곳이 어디든 거부하십시오. 당신이 지각하거나 상상하거나 보는 것이 무엇이든 그 모든 것을 "이것이 아니다, 이것이 아니다."라고 생각하고 거부하십시오. 자신을 이 모든 것들로부터 분리시키십시오. 결국 당신은 어떤 곳, 즉 어떤 지식에, 다시 말해 결코 거부할 수 없는 어떤 지식에 도달할 것입니다. 이 지식을 거부하는 일은 매우 어리석은 일이 될 것입니다. 왜냐하면 그것은 진리 그 자체이기 때문입니다. 평범한 구별적인 지식을 통해, 당신은 자신이 아닌 모든 것을 거부할 수 있습니다. 그러나 그 뒤에는 거부할 수 없는 어떤 지식에 이르게 될 것입니다. 떠날 수 없고 버릴 수 없는 그 지식과 마주해야 합니다. 그것이 당신의 실재입니다.

당신이 동일시하는 모든 것을 하나하나 거부하십시오. "나는 육체적 몸이 아니다. 나는 정신적 몸이 아니다. 나는 지적 몸이 아니다. 나는 희열의 몸이 아니다." 이 모든 동일시가 더 이상 없을 때 '나' 자체가 사라질 것입니다. 왜냐하면 그것은 오로지 다른 실체와 관련된 실체로서만 남아 있기 때문입니다. 마침내 개별적인 '나'는 그 밖에 어떤 것과도 연관을 맺지 않은 상태를 유지하다 그 뒤에 사라질 것입니다. 그리고 이원성이 그것과 함께 사라질 것입니다. 이 '나'가 사라지는 곳, 그곳에서 참지식이 일어납니다.

(새 질문자) 그 '나'라는 것은 혼자서는 존재할 수 없지요. 그렇죠? 그 '나'라는 것은 혼자서는 존재할 수 없습니다.

그렇습니다. 그것은 다른 것들과 연관되지 않고는 존재할 수 없습니다.

저는 며칠 동안 아침에 일어나 '나'를 지켜보았습니다. 저는 저 자신이 어떤 대상을 움켜쥐는 것을 지켜봅니다. 마음이 어떤 대상에 달라붙는 것을 지켜봅니다. 살아 있으려면 그렇게 해야 할 것 같습니다. 그러나 어떤 아침은 온통 제 주위로 어떤 공간, 어떤 조용한 공간이 있다는 느낌이 있는데, 그러나 그 뒤 마음이 그 공간, 즉 그 고요를 움켜쥐더니 거기서 어떤 대상을 만들어 냅니다. 그것은 그 조용한 공간과 침묵을 대상화하기를 원합니다.

그렇습니다. 그렇게 하여 마음은 모든 것을 나타나게 합니다. 이것이 나타남의 세상이 매일 일어나는 방식입니다. 이 '나'에 의문을 제기할 때, 나타남의 세상은 '나' 자체와 더불어 끝날 것입니다. 그 뒤 다른 어떤 것이 남을 것입니다. 그것은 모든 나타남뿐만 아니라 그 '나'의 소멸을 지켜보는 어떤 것입니다.

어떤 때는 개별적 자기의식이 일어나 사라지는 것을 자각하는 기간이 있습니다. 거기에는 그것에 대한 자각만이 그저 있습니다. 또 어떤 때는 자기의식이라는 느낌은 자기의식에 의하여 지각되는 것이라기보다는 지각자 그 자체인 것 같은 때가 있습니다. 제가 하고자 하는 말을 이해하시겠습니까? 사실 저는 자기의식을 그냥 지켜보아 왔습니다.

지켜본다고요?

머레이Murray의 의식을.

의식이 어떻게 의식을 지켜봅니까? 어떻게 그 일이 가능합니까?

제가 말하는 의식은 머레이, 즉 머레이의 마음, 즉 욕구입니다.

그렇다면 그것은 개인적 자아입니다.

종종 자아의식만이 있는 때가 있습니다. 그러나 또 어떤 때는 자아라
는 느낌, 지각자라는 느낌이 있습니다.

"나는 이것을 의식하고 있다."와 같이, 당신이 모든 것을 보고 있을
때, 이것은 의식 그 자체가 아니라 자아의식입니다. 이것이 자아라는
것을 자각할 때, 이 자아는 사라질 것입니다. 이것이 자아의 본성입니
다. 그 뒤 당신은 다른 어떤 것이 될 것입니다. 당신은 자아를 지켜보
는 자가 될 것입니다. 제가 당신을 데려가고 있는 곳이 거기입니다. 다
섯 개의 내적 속임수인 다섯 개의 꼬사들 너머에 있는 그곳이 당신이
찾아야 할 곳입니다. 그곳을 찾기 시작하기만 해도 기쁨을 경험하게

될 것입니다. 그곳은 모든 것 속에 있습니다.

(새 질문자) 자아는 사라지는 것입니까, 아니면 단순히 그 중요성을 잃는 것입니까?

자아가 있든지 없든지 간에 그것은 전혀 중요하지 않습니다.

그러나 자아가 여전히 있습니까?

만약 당신이 자각하고 있다면, 그리고 자아가 있지만 당신을 해치지 않을 것이라는 것을 자각하고 있다면, 자아가 있도록 내버려두십시오. 당신이 이 '나'가 진실로 무엇인지를 알고서 단어 '나'를 "나는 이것을 할 것이다." "나는 그것을 사랑한다."와 같이 사용할 수 있을 때, 당신은 자아를 사용할 수 있고, 자아는 머물도록 허용될 수 있습니다. 숲에 있는 호랑이는 위험합니다. 그렇지요? 그러나 서커스단의 호랑이는 주인의 명령에 복종합니다. 주인이 자신의 손가락으로 "일어서!" "앉아!" "의자에 앉아!" 하고 지시하면, 그 호랑이는 온순하게 복종합니다. 자아도 길들여진 자아라면 이와 마찬가지입니다. 야생의 호랑이는 사람을 잡아먹는 위험한 호랑이지만, 서커스단의 호랑이는 오락과 재미를 위해 그냥 거기 있을 뿐입니다.

(새 질문자) 가끔 자각이 있을 때는 자아가 자각에 저항하고 있다는 느낌이 듭니다. 자아는 자신이 자각을 시험하기 위해 무엇을 할 수 있는지를 보고 싶어 합니다. 잠깐 고요가 있을 수 있습니다. 그러나 그 뒤 자아가 나타나 "자, 나를 좀 즐겁게 해봐, 나를 좀 자극해 보라고."라고 말합니다.

당신은 그렇게 자기 자신을 훈련시켰습니다. 그렇게 자아를 훈련시켰습니다. 자아가 행위를 하도록, 어떤 것들을 원하도록 훈련시켰습니다.

저는 어렸을 때 그 반대의 문제를 경험했습니다. 저는 내면으로 들어가 항상 거기에 있는 평화와 행복을 즐기고 싶었습니다. 그러나 제 주위의 사람들은 제가 그렇게 하는 것을 좋아하지 않았습니다. 그래서 저는 밖으로 나가 세상적인 것들에 관심을 가지도록 저 자신을 가르쳐야 했습니다. 저는 많은 노력으로 마음을 바깥으로 향하게 하여 대상들에 애착을 갖도록 시켜야 했습니다. 그래도 그것을 잘할 수 없었습니다. 만약 제가 어릴 때 어떤 수행을 했다면, 그것은 세상에 애착을 가지려 애쓰는 수행이었습니다. 저는 제 마음이 이 대상들에 관심을 갖도록 강요했습니다. 왜냐하면 그 마음은 오로지 안으로 들어가는 데만 관심이 있었기 때문입니다. 다른 사람들은 어떤지 모르지만, 마음은 자동적으로 자신의 관심들을 따른다는 것을 저는 압니다. 저의 관심은 이 내적 행복으로 빠져들어 거기서 머무는 것이었습니다.

마음이나 감각들의 잘못을 찾지 마십시오. 그것들은 가장 흥미로운 것들을 향해 움직이고 있을 뿐입니다. 감각들과 자아는 당신의 애착들을 향해 흐를 것입니다. 그것들을 다른 방향으로 이동하게 하기 위해서는 이 애착들을 포기해야 합니다.

저는 항상 내면으로 들어가 희열의 상태로 빠져 들어가는 것에 애착을 가지고 있었습니다. 제 주위 사람들은 이것을 좋아하지 않았습니다. 그래서 저는 평화 속에 있지 않는, 행복 속에 있지 않는 훈련을 시작했습니다. 그것은 매우 어려운 일이었습니다.

군에 있을 때 제가 너무도 행복하고 기뻐해서 저의 상관은 제가 항상 술에 취해 있는 줄로 알았습니다. 그는 제 부하에게 저에게 하루에 두 잔 이상은 술을 주지 말라고 했지만, 제 부하는 "그는 전혀 술을 마시지 않습니다."라고 대답했습니다. 저는 잘 행동하고 싶었지만, 제 마음은 제 말에 전혀 귀를 기울이지 않았습니다. 제 마음은 이 희열의 상태에 너무 집착했습니다. 사람들이 저에게 바라는 것을 어떻게 하면 할 수 있을까요? 제 마음은 항상 저를 내면으로 끌어당기는 이 행복을 결코 벗어나지 못했습니다.

저는 전혀 명상을 하지 않았습니다. 그리고 어떤 영적 수행도 하지 않았습니다. 당신들은 명상을 할 때 앉아서 눈을 감습니다. 이렇게 하는 것이 명상에 도움이 된다고 생각하기 때문입니다. 저도 눈을 감고 앉습니다. 왜냐하면 여기에 있는 사람들은 모두 그렇게 하고 있기 때문입니다. 그러나 저는 사실은 명상을 하고 있지 않습니다.

자기 자신을 알기 위해서는 마음을 통제할 필요가 없고, 명상을 하면서 앉아 있을 필요도 없습니다. 물론 책도 읽을 필요가 없습니다. 참나로 돌아가는 데 왜 지도가 필요합니까? 어떤 지도도 필요 없고, 어떤 책도 필요 없고, 어떤 길도 따라갈 필요가 없습니다. 만약 당신이 참나가 아닌 다른 어떤 곳을 가고 싶다면, 지도가 필요할 것입니다. 하지만 지금 이대로의 자신으로 존재하는 데, 지금 이대로의 자신으로 머무는 데 왜 지도나 안내자가 필요합니까? 당신은 항상 거기에 있습니다. 어떤 수행이 당신을 조금이라도 더 가까이 데려올 수 있단 말입니까? 어떤 사다리가? 그 아래 앉아야 할 어떤 보리수나무가 필요하단 말입니까?

14

아무도 존재하지 않기 때문에
해방을 얻으려는 구도자도 없습니다

지난 밤 저는 아미나바드Aminabad의 하누만 사원 밖에 앉아 있었습니다. 저는 그저 조용하게 앉아 있었습니다. 저녁 시간이었고 물끄러미 시장을 바라보고 있었습니다. 이러한 인도의 광경들이 제게 매우 강렬하게 다가옴을 느꼈습니다. 갑자기 제 마음, 저의 미국인의 마음이 깨어지는 것을 느꼈습니다. 그리고 갑자기 마음을 이해하기 위해 마음을 사용할 수 없다는 것을 알았습니다. 지금까지 저는 마음을 이해하기 위해 항상 마음을 사용해 왔지만, 갑자기 마음을 사용할 수 없다는 것을 알았습니다. 그럴 수 없다는 것을 알았습니다. 마음은 단지 제 머리 위에 떠 있는 작은 구름에 지나지 않는다는 것을 느꼈습니다. 저는 그마음과 떨어져 있었지만, 마음은 어쨌든 매우 깨끗하다고 느껴졌습니다. 그러나 이 전체의 과정은 또한 약간 낯설기도 하였습니다.

그래요, 그것은 원숭이 사원입니다. 마음은 원숭이입니다. 그래서 이것은 마음의 사원입니다. (웃음) 하누만은 마음의 상징입니다. 원숭이는 마음과 같은 습관을 가지고 있습니다. 그러나 적어도 원숭이는 균형을 잡기 위해 꼬리를 가지고 있습니다. 만약 당신이 꼬리를 가지고 있다면 더할 나위 없이 좋은 일입니다. 당신은 자신의 행위를 조절할 수 있습니다. 떨어지지 않고 이 가지에서 저 가지로 뛰어 다닐 수 있습니다. 균형 잡힌 마음은 훈련된 마음입니다. 그것은 자신의 진정한 본성이 의식이라는 것을 알고 있습니다. 그리고 의식은 마음에 잘 움직일 수 있는 균형을 제공합니다. 만약 원숭이 마음이 자기의 본성이 의식임을 안다면, 즉 마음이 의식 그 자체라는 것을 안다면, 어떤 문제도 없을 것입니다. 거기에 균형이 있을 것입니다.

마음인 하누만은 자신이 람Ram, 의식, 실재와 하나라는 것을 알고 있습니다. 그것이 그의 비밀입니다. 마음이 그것을 알게 될 때, 모든 것은 잘될 것입니다. 10개의 머리를 가진 라바나Ravana는 복합적이고 조절불능인 욕망을 의미합니다. 의식의 힘, 즉 의식과 결합된 마음의 힘은 욕망의 왕국과 그 지배자를 파괴할 수 있습니다. 이것이 『라마의 모험』(라마야나) 이야기가 전하는 의미입니다.

곰띠 강 아래에 또 하나의 하누만 사원이 있습니다. 그 사원은 잘 보존되어 있습니다. 사원 안에는 님 까롤리 바바의 상像이 있습니다. 그는 전에 그곳에 있던 옛 사원을 방문하는 습관이 있었습니다. 홍수 기간 동안 그 옛 사원은 물에 잠기고 파괴되어 정부는 이 새로운 사원을 짓게 된 것입니다.

(새 질문자) 하누만 사원들을 방문했을 때 왜 제가 그토록 영향을 받았을까요? 지난 밤 앤디와 함께 아미나바드의 한 사원엘 갔습니다. 거기로 갈 때마다 저는 강하고 강한 헌신의 희열을 느낍니다. 하지만 제가 하누만과 많은 관련이 있다는 것은 느낄 수 없기 때문에 왜 그런지는 알 수 없습니다. 저는 하누만에게 헌신적이라고 생각지 않아서 비하리 Ram Charan 또는 람 다스를 좋아하지 않습니다. 그러나 거길 갈 때면 이러한 아난다를 아직까지 경험합니다. 어떤 장소가 아무런 이유도 없이 제게 이와 같은 영향을 미치는 이유는 무엇일까요?

마음과 파장이 잘 맞는 장소들이 있습니다.

빠빠지께서는 때로는 희열도 속임수라고 말씀하십니다. 희열 너머로 가려면 어떻게 해야 합니까? 속임수를 빠져나오려면 어떻게 해야 합니까? 희열이 속임수가 되지 않도록 희열 너머로 가려면 어떻게 해야 합니까?

당신이 희열을 즐기지 않았다면, 어떻게 그것을 거절할 수 있겠습니까? 희열이 당신 주위에 가득 차 있어야 합니다. 희열에 알레르기를 일으킬 정도로 희열에 흠뻑 젖어 있어야 합니다. (웃음) 오직 그러했을 때 당신은 "나는 이것보다 더 좋은 것을 원한다."라고 결정할 수 있습니다. 만약 당신이 돈을 가져보지 않았다면, 돈을 가지지 않는 것이 더 좋다는 생각을 어떻게 할 수 있겠습니까? 오직 과잉의 돈이 있고 그 과잉의 돈이 당신에게 조금도 도움이 되지 않는다는 것을 알았을 때, 비로소 당신은 그 돈을 포기하고 싶다는 생각이 듭니다. 당신에게 많은 돈이 있다면, 당신은 거기에 얼마나 집착하는지를 알게 되고, 그것이 결국 얼마나 많은 문제를 일으킬 수 있는지를 알 수 있을 것입니다. 희열도 그와 같은 것입니다.

희열이 있을 때는 마음의 평정도 있는 듯합니다. 그 마음은 고요해지고 균형이 잡힌 것처럼 보입니다. 포기하길 원한다는 것은 힘든 일입니다.

의심의 여지 없이 마음은 희열 안에 있을 때 매우 행복합니다. 이러한 장애물을 넘어간다는 것은 매우 어려운 일입니다. 대단히 어렵습니다. 몇몇 성자들조차도 이 지점을 통과하지 못했습니다. 어떤 사람들은 브람마난다(브람만의 희열)가 최고의 상태라고 합니다만, 심지어 이 너머에 어떤 것이 있다고 느끼는 사람들도 있습니다. 이 아난다는 대단히 좋은 경험이라 할 수 있습니다. 그리고 많은 사람들이 그곳에 안주하려 합니다. 그러나 그 너머에 궁극의 진리가 있다는 것을 알았을 때는 그곳에 머물러 있어서는 안 됩니다.

(새로운 질문자) 희열의 상태에 젖어 있는 경험자가 여전히 있습니까? 여전히 경험자가 있기 때문에 계속 나아가야 합니까?

경험자는 틀림없이 거기에 있습니다. 경험자와 경험되는 대상이라는 관계는 거기에 있을 것입니다. 그러한 이원성을 초월하기 위해 내려지는 처방은 그것을 초월하라는 것입니다.

그러나 이런 일이 일어나기 위해서는 '나' 그 자체가 사라져야 합니다. 우리는 '나'가 없는 상태에 도달해야만 합니다.

그 누구도 희열의 상태에 머물 수 없습니다. 간혹 이 희열을 거절할 수 있는 사람이 있습니다. 사람의 모든 존재의 목적은 행복입니다. 그래서 이와 같은 상태를 포기하는 것은 어렵습니다.

(새로운 질문자) 빠빠지, 당신은 우리가 이러한 상태를 거절해야 한다고

말씀하십니다. 제게는 이것이 이해하기 어렵습니다. 만약, 어떤 것을 거절한다면 제 마음으로 거절할 것입니다. 빠빠지께서 말씀하셨던 마음의 다섯 가지 함정 가운데 하나를 거절할 수 있습니다. 그러나 거절을 하고 있는 마음, 즉 '나'는 이 거절이 일어나도록 여전히 거기에 있어야만 합니다.

이것은 마음의 관점에서 본 것입니다. 또 다른 관점이 있습니다. 당신은 열 번째 남자의 이야기를 알고 있습니까? 열 명의 남자가 물살이 빠른 강을 건넜습니다. 그들이 강의 건너편에 도착했을 때 그들 중 한 명은 모두가 무사히 건너온 것을 확인하기 위하여 다른 모든 사람의 숫자를 세었습니다. 그는 그들 모두의 수를 세었으나, 자기 자신은 그 셈에서 빠뜨렸습니다.

"우리 중 한 명이 익사했다!"라고 그는 소리쳤습니다.

또 다른 9명의 남자들도 같은 방식으로 세었습니다. 그리고 그들 모두는 자기 자신을 세지 못하는 똑같은 실수를 했습니다. 그래서 그들은 모두가 일행 중 한 명이 익사했다고 확신하게 되었습니다. 그들은 큰소리로 울면서 슬퍼했습니다. 왜냐하면 그들 모두가 친구들 중 한 명이 죽었다고 확신했기 때문입니다.

지나가던 사람이 그들에게 다가와서 "왜 울고 있나요? 무엇이 문제입니까?"라고 물었습니다.

그는 그들이 일행 중 한 사람을 잃어서 모두 비탄에 잠겨 있다는 말을 들었습니다. 그들이 이러한 결론에 도달했던 방법을 그에게 상세히 설명했을 때, 그 새로운 남자는 열 명의 여행자를 모두 한 줄로 세우고 그들을 세었습니다. 그는 그렇게 하면서 그들 모두가 한 사람씩 번호를 불러 가게 했습니다. 열 번째 남자가 "10"이라고 소리치자, 그들 모두는 익사자가 한 사람도 없다는 것과, 그들 모두 그동안 내내 거기에 있었고, 그들의 괴로움과 슬픔은 무지한 가정에 기초하고 있었다는 것을 깨달았습니다. 일반적으로 이 이야기는 우리가 참나를 발견할 때, 우리는 새로운 어떤 것에 도달하지 않는다는 점을 납득시키기 위하여 전해지고 있습니다. 우리는 단지 무언가가 없다는 잘못된 생각에 근거한 고통을 포기할 것입니다.

이것이나 저것을 거절해야만 한다는 생각과 같은, 영적 수행에 대한 관념들도 무지한 가정에 근거를 두고 있는데, 그러한 가정이란 무언가를 발견하고 그것을 체험하기 위해서는 무언가를 하지 않으면 안 되는 행위자, 즉 명상하는 자가 있다는 것입니다. 당신은 고통스러워하며 끝없이 명상합니다. 왜냐하면 이 잘못된 가정을 심도 있게 다루지 않기 때문입니다. 이 이야기 속의 열 명의 남자는 주위를 돌아다니면서 "우리 중 한 사람이 실종되었어요! 우리 중 한 사람이 없어졌어요!"라고 외치며 슬퍼했습니다. 당신은 주위를 돌아다니면서 "나는 무언가를 해야만 해! 나는 무언가를 해야만 해!"라고 생각을 합니다.

무언가를 해야만 하는 자는 누구입니까? 명상을 하는 자는 누구입니까? 명상을 하거나 집착을 물리침으로써 성과를 찾는 대신에, 단지 명상을 하는 그 자를 바라보십시오. 그 자가 정말로 누구인지를 알아내면, 모든 것은 멈출 것입니다.

순수한 자각 안에서는 자신이 표면의 파도가 아니라 근원적인 바다라는 지식이 있습니까?

그는 자신이 동시에 파도들이라는 것도 알고 있습니다.

파도들이라고요?

그렇습니다. 매우 중요한 것입니다. 그 파도는 모든 다른 파도들과 다르다고 생각합니다. 파도는 "나는 이름, 모양을 가지고 있다. 나는 특별한 방향으로 움직인다."라고 말합니다. 바다는 모든 물이 그 자체라는 것을 알고 있기 때문에 단지 춤을 즐깁니다.

그 파도들은 "나는 독립적이다. 나는 주위에 많은 친구들이 있다. 우리 모두는 함께 움직이고 있다."라고 생각할 수 있습니다.

그 파도들은 삿상을 하기로 결심할 수도 있습니다. 그들은 함께 모여 "바다를 발견하기 위해 함께 가자. 함께 명상을 하고 바다가 어디

있는지를 알아내기 위해 노력하자. 나는 바다가 매우 경이로운 곳이라고 들었어."라고 말합니다.

그래서 그들은 바다를 찾아서 줄곧 여행을 하면서 언젠가는 바다를 발견할 것이라고 희망합니다.

바다는 이것에 관해 아무것도 알지 못합니다. 바다는 단지 고요하고 침묵하는 심연과 표면 위의 거품이 모두 그 자체라는 것을 알고 있을 뿐입니다.

저는 항상 두려워했습니다. 제가 느낀 불행은 파도와의 잘못된 동일시 때문이라고 생각했습니다. 이제 저는 파도가 그 자신을 바다와 동일시할 때 희열이 일어난다는 것을 이해하기 시작했습니다.

그렇군요.

저는 개체인 파도가 좀 더 큰 실체인 바다와 동일시할 때 희열이 있다는 것을 이해하기 시작했습니다. 그 말은 바다가 단지 그 자체를 바다로 알고 있을 때, "나는 나 자신이 거대한 바다가 되는 경험을 하고 있다."라는 것에서 나오는 희열이 더 이상 없다는 뜻입니다. 맞습니까?

그렇습니다.

이것은 이해하기가 어렵습니다. 사실은 전혀 이해할 수가 없습니다. 경험자도 경험도 없는 이 상태를 말입니다. 만약 제가 단지 바다라면 경험도, 행복도 전혀 없습니까?

사실, 바다도 파도도 없습니다. 이름도 형태도 없습니다. 바로 그런 곳에서 당신은 진리를 발견할 수 있습니다. 바다는 단지 이름에 불과하기 때문에 당신은 바다가 아닙니다. 이름도 형태도 없는 것이 궁극의 진리입니다. 이름과 형태가 있는 곳에는 거짓이 있습니다.

그렇다면 이름과 형태는 자각으로부터 일어납니까? 그리고 자각이 없다면, 이름도 없고 형태도 있을 수 없습니까?

이름과 형태는 거짓된 것입니다. 이름과 형태가 있는 곳에는 거짓이 있습니다. 그것들은 둘 다 소멸될 수 있기 때문에 그 안에는 진리가 없습니다. 형태가 있는 곳은 어디든지, 소멸되어 없어질 무엇인가가 있습니다. 모든 형태는 썩어 없어집니다. 그러나 만약 제가 이것을 너무 많이 말하면 여러분은 달아날 것입니다. 여러분은 모두가 무엇인가를 붙잡길 원하기 때문에 바로 달아날 것입니다. 명상 속으로 달아날 것입니다. 명상은 좋은 함정입니다. 왜냐하면 그곳에서 당신은 관계와 정체성을 가질 수 있고, 또한 영적인 무엇인가를 수행하고 있다고 여전히 생각할 수 있기 때문입니다.

저는 말합니다. "아무도 속박되어 있지 않습니다. 어떠한 속박도 없습니다. 아무도 존재하지 않기 때문에 해방을 추구하는 구도자도 없습니다. 해방조차도 존재하지 않습니다. 당신은 누구입니까? 명상을 하려고 하는 그 사람은 누구입니까?"

이제 당신은 이러한 정보를 가지고 어떻게 할 것입니까? 무슨 일을 할 수 있습니까?

명상이나 공중부양 같은 것들은 당신이 할 수 있고 알 수 있습니다. 그러나 하고자 하거나 알고자 하는 사람이 없다면, 제가 말하고 있는 것을 당신이 어떻게 할 수 있고 어떻게 알 수 있겠습니까?

지난 해 한 선승이 저를 만나 보기 위해 도쿄에서 하리드와르로 왔습니다. 그는 짐을 풀기 위해 그의 방으로 가지도 않았습니다. 그는 가방을 가지고 와서 제 앞에 앉았습니다. 작년 6월이었습니다. 누군가가 그에게 제 이름을 알려 주었습니다. 그는 매우 정성을 들인 일본식 절을 하고 앉았습니다.

그리고 말했습니다. "당신은 라마이고 저는 악마입니다. 이 악마를 죽이십시오."

저는 그를 바라보며 말했습니다. "저는 둘 모두를 죽였습니다."

그것으로 충분했습니다. 그는 이해했습니다.

그는 다시 엎드려 말했습니다. "지금 떠나겠습니다. 일본으로 돌아갈 것입니다."

저는 말했습니다. "아니, 아니, 당신은 지금 막 도착했습니다. 좀 더 오래 머무르셔도 됩니다."

"오, 아닙니다." 그는 말했습니다. "당신은 매우 위험한 사람입니다. 만약 제가 머물면 저는 당신과 사랑에 빠질 것입니다. 그 때문에 지금 떠나야 합니다."

그리고 그는 떠났습니다.

15

당신은 환생한 목적을
잊어버렸습니다

모든 예언자들은 "당신은 죄인이다. 당신이 행복할 때, 당신은 실은 죄를 범하고 있다."라고 말했습니다.

그들은 이처럼 설교하고 당신은 이 말을 받아들입니다. 당신은 이 말을 완전히 받아들였습니다. 그러나 만약 누군가가 "당신은 자유롭다."라고 말한다면, 당신은 그렇게 오랫동안 자신이 죄인이라는 믿음으로 길들여졌기 때문에 그 말을 믿지 않을 것입니다. 죄의식은 이제 당신의 유전자 속에도, 몸 속 한 방울의 피 속에도 있습니다. 당신에게 그것이 완전히 퍼져 있습니다. 여러 세대를 거치면서 당신은 자신이 죄인이라는 말을 여러 사람들로부터 들어 왔습니다. 당신은 이 모든 사람을 믿었고, 여러 세대를 거치면서 이 죄들로부터 자유로워지기 위해 노력해 왔습니다.

만약 지금 누군가가 "당신은 자유롭다. 당신은 항상 자유로웠고 결코 묶여 있지 않았다."라고 말한다면, 당신은 그에게 귀를 기울이지 않을 것입니다.

그래서 스승들은 "그렇다. 당신은 속박되어 있다. 까르마를 가지고 있으니 명상을 해야 한다. 이러한 결점들을 없애기 위하여 아쉬람에 들어가서 명상을 하라."고 얘기하기 시작합니다.

하지만 이렇게 말하는 사람은 어리석은 사람에 지나지 않습니다. "당신은 죄인이고 구속되어 있다."는 말을 듣는 것은 지혜가 아닙니다. 누가 속박되어 있습니까? 이 속박은 어디에 있습니까? 아무도 그것을 본 적이 없지만, 모든 사람이 그것을 믿고 있습니다. 이러한 관념 때문에, 당신은 이러한 속박에서 벗어나도록 당신에게 주어지는 모든 방법들인 함정에 걸려듭니다.

저는 당신이 속박되어 있다고 말하지 않을 것입니다. 대신에 아무런 속박이 없다는 것을 알게 되는 곳으로 안내할 것입니다. 거기서 당신은 해야 할 일이 아무것도 없기 때문에 혼란스러워 머리를 긁적거릴 것입니다. 거기는 아무런 관계도, 아무런 동일시도 없습니다.

당신의 몸 위에는 옷들이 있습니다. 당신은 그것들을 입고 있으나, 그것들은 당신이 아닙니다. 그것들은 당신의 소유물이지만 당신은 아닙니다. 당신이 '나의 옷들'이라고 말할 때, 당신은 옷들이 당신의 것이지만 당신이 아니라는 것을 알고 있습니다. 당신이 '나의 몸, 나의 마음, 나의 지성'이라는 등의 말을 할 때, 마찬가지로 이해를 하십시오. 즉 그것들은 당신의 본질이 아닌 소유물이라는 것을 아십시오. 그것들의 소유자인 당신은 그것들과는 다릅니다. "내 마음은 행복해." 혹은 "내 마음은 행복하지 않아."라고 말할 때, 당신은 자신이 마음의 주인임을 암시하고 있습니다. 이 주인은 누구입니까? 이 마음은 누구의 것입니까? 이것이 바로 당신이 알아내야 할 것입니다. 그것은 어렵지 않습니다. 매우 쉽게 풀 수 있습니다.

(새로운 질문자) 당신이 말하고 있는 자각이란 천진함 같은 것입니까? 우리가 그렇게 많은 가치를 두는, 어린이 같은 천진함과 같은 것입니까?

그렇습니다. 저는 그렇게 믿습니다. 당신은 천진해야 합니다. 자유인은 언제나 천진합니다. 그는 어린아이와 같습니다. 소크라테스처럼 말입니다. 자유로운 이 모든 사람들은 무엇보다도 매우 천진하였습니다. 그들은 그 천진함으로부터 진리를 말합니다.

(새로운 질문자) 저는 너무 오만하여 제가 그렇게 오랫동안 어리석었다는 것을 인정하기가 어렵습니다. 그래서 제가 "나는 자유롭다. 나는 지금까지 줄곧 자유로웠다."라고 말하기는 힘들 것 같습니다. 그것은 천진함이 없다는 것을 암시하는 것 같습니다. 어떻게 하면 제가 좀 더 천

진해질 수 있을까요?

천진함은 당신의 타고난 본성입니다. 영리함은 당신이 후천적으로 획득한 것입니다. 당신은 부모로부터, 사회로부터, 종교로부터 영리함을 습득했습니다. 그들 모두가 당신을 그렇게 영리하게 만들었고, 결국 당신은 천진함을 잊어버렸습니다. 당신은 천진한 상태로 태어났습니다. 당신은 자신과 이웃들 사이에서 어떤 차이점도 알아채지 못했습니다. 당신은 모두를 사랑했고, 모든 사람이 당신을 사랑했습니다. 사람들은 당신을 그토록 많이 사랑했고, 당신에게 다가와 키스를 해주었고, 초콜릿을 주었습니다.

당신이 점차 성장하면서 이 모든 것이 변했습니다. 당신은 영리함을 배웠고, 천진한 본성을 잃었습니다. 심지어 신도 잃었습니다. 당신의 고통이 시작된 것은 바로 그때입니다. 이제 당신은 이 모든 영리함을 배웠습니다. 속임수와 사기를 알았습니다. 한 사람과 그 다음 사람 사이의 차이점들을 알고 부정적인 판단들을 내립니다.

누가 당신에게 이 모든 것을 말했습니까? 당신이 어린아이였을 때는 가족과 이웃들 사이, 한 나라와 다른 나라 사이, 한 종교와 다른 종교 사이에 그 어떤 차이점도 알 수 없었습니다. 그 당시에는 차이점들을 알지 못했습니다. 지금 이곳에 와서 노는 아이들을 보십시오. 그들은 여전히 그 천진함을 가지고 있습니다. 당신은 아이들에게서 천진함을 볼 수 있습니다. 그러나 자신이 몸담고 있는 사회 때문에, 진실이 아닌 것들을 애기해 준 부모나 성직자들 때문에 천진함을 잃어버렸습니다. 이제 당신은 원래의 천진함으로 돌아가고 싶어 합니다. 당신은 새로운 어떤 것을 얻지 못할 것입니다. 그렇지 않습니까? 당신은 다만 원래의 천진함으로 돌아가고자 합니다. 당신을 영리하게 만든 모든 것을 포기할 때, 자신의 본성, 자신의 본래 상태로 되돌아갈 것입니다. 그것이야말로 우리가 자유라고 부를 수 있는 것입니다. 이 자유는 '······으로부터의 자유'입니다. 당신이 획득했던 모든 것, 배워 왔던 모든 것, 알고 있는 모든 것, 읽었던 모든 것, 들었던 모든 것에서 벗어나는 것입니다.

만약 자신에게 이런 것들을 부과하지 않는다면, 천진함이 당신에게로 돌아올 것입니다. 단지 고요하십시오. 조금도 기대를 하지 마십시오. 자유나 깨달음에 대한 기대조차도 가지지 마십시오. 그 어떤 것도 기대하지 마십시오. 그러면 천진함은 저절로 나타날 것입니다. 일단 모든 속임수가 버려지면 당신의 본성은 그 모습을 드러낼 것입니다. 당신이 해야만 하는 것은 오로지 장애물들을 제거하는 것입니다.

그냥 앉으십시오. 당신의 진정한 본성이 나타나 스스로 모습을 드러내도록 하십시오. 노력을 한다고 이렇게 할 수 있는 것은 아닙니다. 왜냐하면 노력을 할 때 당신은 어떤 것에 매달리기 때문입니다. 그것에 집착하게 됩니다. 노력은 집착을 의미합니다. 오로지 고요하고 움직임 없이 머무르십시오. 모든 것이 당신을 떠날 것이고, 천진함이 그 모습을 드러낼 것입니다. 천진함은 저절로 그 자체를 스스로에게 드러내는 것입니다. 당신이 천진함에 대한 준비가 되어 있을 때 그것은 스스로 모습을 드러낼 것입니다.

이 드러냄이란 무엇입니까? 그것을 홀로 내버려두십시오. 그것에 관해 생각하지 마십시오. 단지 고요하십시오. 그리고 아무것도 하지 마십시오. 이것이 해야 할 필요조건입니다. 당신에게 공덕들과 행운들이 있다면 이것이 일어날 이러한 상황은 당신에게 모습을 나타낼 것입니다. 만약 이전의 공덕들 즉 뿐야들이 정당한 것이라면, 이것이 일어날 것입니다. 만약 뿐야들이 있다면, 지바^{jiva}는 결국 좋은 부모나 좋은 가족에게로 올 것입니다. 지바는 자랄 것이고 어떤 시점에서 이 옛날의 뿐야들에 자극을 받아 "나는 자유를 원한다."라고 요구할 것입니다. 이 모든 것들이 함께 일어날 때 당신은 스스로 저항할 수 없을 것입니다. 당신은 이 잡히지 않는 자유를 찾아서 이곳저곳으로 옮겨 다닐 것입니다. 자유를 위한 이 욕망은 당신을 괴롭힐 것이고, 당신은 그것을 충족시키기 위한 시도를 하지 않고서는 쉴 수 없을 것입니다. 어떤 집착에 의해서도, 어떤 사치에 의해서도 마음이 딴 곳으로 가지 않을 것입니다. 왕국을 당신에게 준다 하더라도, 당신은 그것을 거절할 것입니다. 붓다에게는 이 모든 것이 주어졌지만, 그는 그것들을 거절했습니다. 왜냐하면 그는 자유를 얻을 상황들과 뿐야들을 지녔기 때문입니다. 그러면 어떤 상황들입니까? 좋은 어머니, 좋은 가문, 좋은 환경, 그리고 진리를 찾으려는 누를 수 없는 욕망입니다. 이번 생에서 이와 같은 것들을 가질 수 있는 것은 전생에서 얻었던 공덕들에 달려 있습니다. 그러나 모두가 그 방향으로 움직이고 있습니다. 모든 사람, 즉 모든 지바들이 집으로 돌아가고 있습니다. 그것에 관해서는 의심할 여지가 없습니다. 그러나 가는 도중에 그들 중 많은 사람들은 다른 것들에 의해 미혹됩니다.

지바가 정확하게 무엇을 의미합니까?

지바는 집으로 돌아오기 전에 한 환생에서 다른 환생으로 나아가는 윤회하는 영혼입니다.

(새로운 질문자) 이것 또한 환영이 아닙니까?

당신은 이것을 나중에 알게 되지만, 처음에는 알지 못합니다. 뱀과 밧줄의 비유에서, 당신은 밧줄을 보고 그것을 뱀이라고 상상합니다. 그러나 당신이 이것을 상상했다는 것을 발견하는 것은, 밧줄에 더 가까이 다가가서 뱀이 존재하지 않고 다만 자신이 진실이 아닌 생각을 한 가닥의 밧줄에 덧씌움으로써 뱀을 상상했다는 것을 깨달을 때입니다.

그것이 진짜라고 생각하는 동안에는 두려움과 고통을 느낄 것입니다.

모든 지바들은 참나로 돌아가고 있지만, 스스로를 실재하는 따로 독립된 실체라고 상상하기 때문에 집으로 가는 것을 잊어버리고 다른 것들에 미혹됩니다.

옛날에 자녀가 없는 왕이 있었습니다. 그는 나이가 들어 가고 뒤를 이을 후계자가 없었기에, 자신이 죽은 뒤 왕국의 지배자가 될 사람을 양자로 받아들이기로 결심했습니다.

"내가 죽을 때 인정받은 확실한 후계자가 없다면, 내가 죽은 후에 왕국에 많은 문제가 발생할 것이다."라고 속으로 생각했습니다.

그는 문지기 중 한 사람을 불러서 다음 날 아침 6시에서 저녁 6시까지 궁전의 문들을 열어 놓을 터이니 다음 지배자가 되고자 하는 왕국의 모든 사람은 들어와서 면접을 보라는 공고를 발표하도록 했습니다. 그 어느 누구도 들어오는 것이 금지되어 있지 않을 것입니다.

다음 날 아침 군중들이 다음의 지배자가 될 것이라는 각자의 희망을 가지고 성문으로 몰려들었습니다. 문지기들과 신하들이 그들을 맞이했습니다.

신하들 중 한 사람이 발표했습니다. "여러분은 곧 왕을 만나서 왕의 접견을 받을 것이다. 왕을 만날 때 여러분은 좋은 모습을 보여 드려야 한다. 모두들 자신을 살펴보라! 여러분 중 일부는 누더기 옷을 걸치고 있다. 우리는 여러분을 깨끗하게 씻겨 줄 것이다. 좋은 목욕을 해주고,

먹을 것을 주고, 좋은 새 옷도 주겠다. 그 다음 여러분은 왕을 알현할 것이다. 자, 따라오라."

모든 사람이 궁전으로 들어가 왕이 즐기는 모든 편의들을 제공받았습니다. 이날 하루만은 모든 방문객들이 궁정을 마음대로 사용하도록 허락을 받았습니다. 다시 말해, 원하는 것이면 무엇이든 가질 수 있고 소비할 수 있었습니다. 향수에 관심이 있는 사람들은 향수병을 모았고, 옷에 관심이 있는 사람들은 많은 종류의 옷을 모았습니다. 어떤 사람들은 왕의 욕실을 즐겼고. 왕의 음식을 먹었고, 왕의 무희들과 가수들이 연기하는 것을 보았습니다. 이 일은 온종일 계속되었고, 모든 사람은 무엇 때문에 자신이 이 궁전에 오게 된 것인지를 잊어버렸습니다. 왕은 공식 알현실에서 기다렸습니다. 그러나 모든 후보자들이 왕의 사치품을 즐기느라 너무 여념이 없었기 때문에 아무도 그를 보러 가지 않았습니다. 하루가 끝나는 저녁 6시, 아무도 왕좌와 왕국을 요구하러 나타나지 않았을 때, 왕은 자신의 제안을 철회하고 모두에게 귀가하도록 요청했습니다.

만약 누군가 곁길로 빠지는 일이 없이 즉시 왕에게로 갔다면, 이 모든 보물은 단지 몇 시간만이 아니라 영구히 그 사람의 것이 되었을 것입니다. 그러나 모든 사람은 그들이 궁전으로 오게 된 자신의 목적을 잊었습니다.

이것이 지바들에게 일어난 일입니다. 해방이라는 왕국의 왕좌는 들어와서 그것을 요구하길 원하는 누군가를 기다리고 있습니다. 그러나 이 지바들은 모두 곁길로 빠져 쾌락을 즐기고 소유물을 축적하게 되었습니다. 결국 삶의 마지막에 그들은 죽고 다시 태어납니다. 그들의 즐거움들과 고통들은 계속됩니다.

당신들 모두는 그렇게 눈코 뜰 새 없이 집착들과 욕망들에 속박되어 자신이 환생한 목적을 잊어버렸습니다. 해방을 위해 여기에 왔다는 것을 잊어버렸습니다. 이 욕망들과 집착들과 소유물들이 궁극적으로 당신에게 무슨 도움이 되겠습니까? 당신이 이 세상을 떠날 때 무엇을 가지고 갑니까? 빈손으로 갑니다.

알렉산더 대제는 당시에 알려진 모든 세상을 정복했습니다. 그가 살아 있는 동안 세상의 모든 부와 영토는 그의 것이었습니다. 그러나 그는 죽었을 때 빈손으로 갔습니다. 그는 이것을 알았습니다. 그래서 죽기 전에 명령을 내렸습니다. "나를 관에 넣을 때 내 손을 밖으로 내놓아라. 그렇게 하면 모든 사람은 내가 세상을 떠날 때 빈손으로 간다는 것을 알게 될 것이다."

욕망의 대상들이 아닌 자기 자신의 참나를 볼 수 있는 이 순간을 최대한 활용하십시오. 이 순간은 결코 되돌아오지 않을 것입니다. 자신의 참나의 왕좌가 있는 방으로 가기 전에 단지 조금 더 즐거움을 원하기 때문에 참나와의 접견을 뒤로 미루게 된다면, 당신은 기회를 놓쳐버릴 것이고 세월에 휩쓸려 사라질 것입니다. 기회는 다시 오지 않을 것입니다. 다음 순간이나 마지막 순간이 아니라, 오직 이 순간에만 당신은 자신의 진정한 얼굴을 볼 수 있습니다. 나중이 아니라 지금 그렇게 해야만 합니다. 이 순간에 자신의 참나에 헌신해야만 합니다.

이것을 성취하기 위해 공부할 필요는 없습니다. 수행할 필요도 없고, 히말라야로 갈 필요도 없습니다. 바로 이 순간, 여기 지금으로 충분합니다. 당신의 얼굴을 내부로 돌리십시오. 그리하면 그것을 볼 수 있을 것입니다. 이 순간을 낭비하지 마십시오. 이것은 매우 귀중한 시간입니다. 저는 당신을 낙담시키지 않을 것입니다. 사실, 저는 여기에 오신 당신을 축하합니다. 이 세상에는 60억의 인구가 있습니다. 그러나 오직 스무 명의 사람들만이 오늘 여기에서 "나는 자유를 원한다. 나는 자유의 왕좌에 앉기를 원한다."라고 말하고 있습니다. 훌륭합니다! 제가 요구하는 것은 오직 뒤로 미루지 말라는 것입니다. 당신은 "나는 오늘 늦게, 내일, 다음 주, 다음 해에 그것을 해야지." 등과 같이 평생 동안 미루어 왔습니다.

미루는 것은 마음입니다. 마음은 과거입니다. 마음은 현상계입니다. 현상계는 삼사라입니다. 그리고 삼사라는 고통입니다. 당신은 자신이 원하는 것을 선택하고 결정해야만 합니다. 나중이 아니라 지금 이 순간에 선택해야만 합니다. 이 순간에 자신의 참나를 보십시오. 만약 이 순간이 지나가도록 내버려둔다면, 그것은 과거가 될 것입니다. 이 순간이 그냥 사라지도록 내버려두지 마십시오.

16

다른 이들의 삶의 라마야나(이야기)를
자신에게 짐 지우지 마십시오

당신 안의 '아는 자'는 알고 있는 지식뿐만 아니라 잊어버렸던 지식 또한 자각하고 있습니다. 당신은 "나는 이러저런 것을 잊었어."라고 말합니다. 그렇지요? 그렇게 잊음에 대한 지식이 그곳에 있을 때, 아는 자는 분명 여전히 남아 있습니다. 그 아는 자는 어디에도 가지 않습니다. 아는 자는 영원불멸합니다.

아는 자의 의식과 아는 자 그 자체는 어떠합니까? 그 둘은 같습니까, 아니면 다릅니까?

그 둘은 같은 것입니다. 아는 자와 아는 자의 의식은 같은 것입니다. 당신은 그들의 차이를 어떻게 증명할 것입니까? 의식과 앎은 같은 것입니다.

　저는 이 아는 자가 좀 성가신 것 같습니다. 그것은 지각의 순수를 방해
　합니다.

　그것은 당신이 이 아는 자를 잘못된 목적으로 오랫동안 사용해 왔기
때문입니다. 사실 당신은 아는 자를 다른 어떤 것으로 여기고 있습니
다. 참된 아는 자는 항상 같습니다. 그것은 변하지 않습니다. 아는 자
를 알면, 당신은 자신의 개념들을 제외하고는 아무것도 변하지 않는다
는 것을 알 것입니다. 당신이 보고 경험하는 변화는 무엇이나 모두 당
신의 마음이 만들어 낸 것입니다. 당신은 당신이 생각하는 것이 됩니
다. 만약 당신이 그것에 대한 최초의 생각을 일으키지 않는다면 아무
일도 일어나지 않습니다. 순식간에 그것은 일어납니다. 모든 현상계도
단지 당신의 일부분일 뿐입니다. 수십억 년의 과거와 미래와 같은 이
모든 창조는 단지 하나의 생각에 지나지 않습니다. 이 하나의 생각이
생겨나면, 과거와 현재와 미래는 순식간에 창조됩니다. 생각이 그 모
든 것을 만들어 냅니다.

　이것은 어떤 생각입니까? 그것은 "나는 존재한다."라는 생각입니까?

그렇습니다. 이 생각은 과감히 밖으로 나와야 합니다. 그리고 그 생각을 탐구할 때, 그것은 사라집니다. 탐구는 당신을 생각이 없는 자리로, 지금까지 아무 일도 일어난 적이 없는 자리로 데려갈 것입니다. 나무가 없는 뿌리로 데려갈 것입니다. 나무는 바깥에 있습니다. 제가 말하고 있는 것은 내부에 있는 것입니다. 당신을 뿌리로 데려다 줄 물음이 하나 있습니다. 이 생각은 무엇입니까? 그것은 바로 "이 '나'란 무엇인가?"라는 물음입니다. 당신은 반드시 '나'의 뿌리로 돌아가야만 합니다. 이것이 제가 말하고 있는 한 가지 생각입니다. 모든 것은 이 '나'라는 생각에 의존하고 있습니다. 수십억 년의 과거와 현재, 그리고 미래도 모두 이 '나'라는 생각 안에 있습니다. 우리가 탐구할 때, 이러한 영겁의 모든 시간은 끝이 납니다. 탐구하십시오. 그러면 모든 것이 끝날 것입니다.

(새로운 질문자) 노력 없이 어떻게 탐구합니까?

노력은 현상입니다. 노력은 밖으로 향합니다. '나'라는 생각이 일어나면, 현상계는 일어납니다. 이것은 노력입니다. 당신이 '나'라고 말할 때 그 '나'의 정체가 실제로 무엇인지 보려고 하는 것이 바로 탐구입니다. 당신이 '나'라는 말을 입 밖으로 내뱉는 순간, 과거, 현재, 미래라는 모든 것이 거기에 있습니다. 바로 이 '나'를 보십시오. 이것이 제가 말하는 탐구입니다. 바로 그것을 보십시오. 반대 방향으로 보십시오. '나'라는 것이 현상계를 창조했습니다. 이제 그 '나'를 보면서, 방향을 거꾸로 돌리십시오. 현상계로부터 '나'로 돌아가십시오. 후진 기어를 넣어 주십시오. 전진 기어를 사용하지 마십시오. 전진 기어가 사용되면, 당신은 마음의 영리함에 사로잡힐 것입니다. 이와 같은 모든 물음이나 모든 논쟁은 이러한 영리함의 범주에 들어갑니다. 이성과 추론 또한 이런 영리함의 일부분입니다.

먼저 제가 말하는 것을 행하고 스스로 그 결과를 보십시오. 그러면 스스로 알게 될 것이며 직접적인 경험들로부터 그것에 대해 말할 수 있을 것입니다. 스스로 잠을 경험해 본 적이 없다면 어떻게 잠에 대해서 말할 수 있겠습니까?

당신이 한 번도 잠을 자 본 적이 없다면, "내가 잠자리에 들면 어떤 일이 일어날까? 잠에서는 어떤 일이 일어날까? 사람들이 잠에서 경험한다고 말하는 이 행복이란 게 무엇인가?"라는 물음을 끝없이 계속할 것입니다.

이것에 대해 어느 누구도 정말로 말해 주지 못합니다. 이것은 당신이 스스로 경험해야 하는 것이기 때문입니다. 우리는 잠에 대해 정의하고 이야기하면서 아침을 다 보낼지도 모릅니다. 하지만 어떻게 이것으로 당신이 이 상태를 이해하겠습니까? 즉시 잠자리에 들어서 스스로 보십시오.

자유도 이와 같습니다. 수천 권의 책에는 자유와 깨달음이 적혀 있습니다. 하지만 어느 누구도 책만 읽고서 자유를 얻었다는 사람은 없습니다. 깨달음은 책을 읽음으로써 오는 것이 아닙니다. 깨달음은 책을 통해서가 아니라 책을 던져 버림으로써 오는지도 모릅니다.

모든 이들은 순간적 깨달음을 구하고 있습니다. 자유에 대한 갈망이 일어나서 답을 구하고자 책방이나 아쉬람을 찾아 갑니다. 만약 당신이 아쉬람에 간다면 변화된 옷과 식사가 제공되겠지만, 이것이 자유와 조금이라도 관계가 있다고는 생각지 않습니다. 음식, 옷, 공동체, 아쉬람, 히말라야의 동굴들, 이것들 중 어느 것도 자유와 연관되어 있지 않습니다. 자유는 이러한 것들이나 이러한 장소에 있지 않습니다. 그것은 완전히 다른 어떤 것입니다.

사람들은 "만약 내가 히말라야에 가서 나만의 한적한 장소를 찾아 앉아 있으면 깨달음을 얻을 수 있겠지."라고 생각합니다. 위치적 환경을 바꿈으로 홀로임을 발견할 수는 없을 것입니다. 여기에서 당신을 괴롭히던 친구들은 당신이 어디를 가든지 머릿속에 함께 따라다닐 것입니다.

저는 한때 히말라야에서 어떤 바바를 보았습니다. 그는 80세 정도 되어 보였으며 뻰잡의 어느 지역에서 왔다고 했습니다.

저는 물었습니다. "바바, 당신은 지금까지 어떻게 지내셨나요?"

그는 대답했습니다. "나는 오래 전에 이곳에 왔네. 집을 나온 게지.

그때 난 16살이었고 우리 마을에 왔던 어느 사두를 따라 나왔네. 나는 오랫동안 돌아다녔지만 지금은 잘 걷지 못해서 여기에 이렇게 앉아 있다네. 난 내가 더 이상 걸어 다닐 수 없다는 사실을 알게 되었을 때 이곳에 자리를 잡았네. 고향에서 온 사람들은 이곳에서 나를 발견하고는 가족에 대한 소식을 전해 주었어. 형제들이 결혼을 해서 아이도 가지게 된 소식이나 땅을 팔고 샀다는 소식 등등."

그리고 그는 저에게 말했습니다. "내가 만약 지금 돌아간다면, 누가 나에게 자신의 딸을 주어 사위로 맞이하겠는가? 나는 너무 늙었어. 난 집으로 돌아가길 원하지 않네. 내가 만약 돌아간다면 사람들은 말할 걸세. '그는 60년의 세월이 지나 돌아왔어. 우선 그는 왜 집을 나갔지?' 그래서 난 돌아가길 원치 않네. 난 그냥 여기에 앉아 이 자리에서 여생을 보내겠네."

많은 사람들은 이와 같습니다. 그들은 삶의 새로운 방식이 더 좋은 것들을 가져다줄 것이라 생각하면서 떠나지만, 그런 식으로 되진 않습니다. 저는 초인적 힘을 얻고자 노력하는 사두를 만나기도 했고 이러한 힘들을 실제 얻은 사두를 만나기도 했습니다. 하지만 히말라야에서조차 자유를 얻은 사두는 만나지 못했습니다. 저는 히말라야의 많은 곳을 다녔지만 자유를 얻은 사두는 한 명도 보거나 만난 적이 없습니다. 대신 인도나 서양에서 가장으로서 그들보다 더 나은 사람들은 많이 보았습니다. 그들은 공동체나 아쉬람에서 사는 사람들보다 나은 일들을 하고 있었습니다. 가장들은 세상에서 규칙적인 생활을 하고 삽니다. 그 중 성공한 이들도 더러 보았습니다. 그들은 이러한 사두들보다 훨씬 낫습니다. 이것이 제가 지금까지 경험하면서 느낀 바입니다.

그래서 저는 어느 누구에게도 일자리나 가족으로부터 떠나올 것을 제안하지 않습니다. 일을 하십시오. 일을 하는 것이나 일을 하지 않는 것은 어느 것도 자유와는 아무런 관계가 없습니다. 어디에 있든 단지 몇 분을 자신에게 사용하십시오. 떠나는 것은 시간 낭비입니다. 집을 떠나 새로운 곳을 찾는 데 보내는 시간은 지금 여기에서 자신에게 더 잘 쓰일 수 있습니다.

저는 한 남자를 알게 되었는데 그는 늘 강가로 가서 거기에 앉아 한 시간 동안 명상을 했습니다. 그의 마을은 10마일이나 떨어져 있어서 그의 집에서 강을 왕래하는 데 많은 시간이 걸렸습니다. 그는 혼자 이렇게 생각했습니다. "강 근처에 움막을 하나 지어 보면 어떨까? 이곳에 움막 같은 것이 있다면 오고 가는 데 드는 시간을 낭비할 필요가 없겠지. 그러면 여기서 더 많은 시간을 보낼 수 있으니 명상도 더 많이 할 수 있겠지."

이 남자는 집을 강가의 강둑으로 옮기기로 마음을 먹었습니다. 그는 벽을 쌓아 올릴 약간의 벽돌과 문을 만들 목재와 그것들을 고정시킬 시멘트를 주문했습니다. 하지만 그 당시에는 그것들을 운반하기 위한 길도 없었고 트럭도 없었습니다. 만약 이와 같은 자재들을 옮기길 원한다면 당나귀 등에 얹어 옮겨야 했습니다. 이런 모든 것들을 가축의 등에 실어 옮겨야 했습니다. 자재들이 도착했고 석공들이 오고 갔습니다. 그리고 그는 계산서들을 적어 두면서 이 모든 배달과 인부들을 잊지 않고 있어야만 했습니다. 그는 너무 바빠서 날마다 하는 한 시간의 명상을 위한 시간조차 충분히 갖지 못했습니다.

그는 스스로 생각했습니다. "난 매일 여기에 와서 아주 평화로운 한 시간의 명상을 했었다. 그런데 이젠 명상을 하기 위해 눈만 감으면 내 머리는 벽돌과 당나귀 그리고 인부들로 가득 차 있다. 내가 무엇을 한 거지?"

다음 날 인부들이 왔을 때, 그는 그의 작은 집을 헐고 그 조각들을 강가 강에 던져 버릴 것을 부탁했습니다. 그는 마을로 돌아와 이전에 살았던 방식대로 살기로 마음먹었습니다. 마침내 그는 "여기로 걸어와서 평화롭게 한 시간을 앉아 있다가 다시 집으로 돌아가는 것이 더 낫다."는 결론을 내렸습니다.

히말라야 도처에 그와 같은 사람들이 많이 있습니다. 그들은 명상을 잘할 수 있도록 물리적 환경을 고치려고 애쓰면서 많은 시간과 돈을 낭비합니다. 결과는 명상을 많이 하는 것이 아니라 아쉬람 건물을 많이 짓는 것입니다. 이러한 사람들은 결국 멋진 건물을 완공해도 잡담을 하면서 많은 시간을 허비합니다. 저는 리쉬께쉬 전역과 그 주변의 지역에서 이와 같은 사람들을 보았습니다.

그곳의 아쉬람에 있는 사람들은 당신을 붙잡고 같은 질문을 반복해서 계속 던집니다. "당신은 어디에서 일을 합니까?" "자식들은 몇 명이나 되죠?" "결혼은 했나요, 하지 않았나요?" 만약 당신이 결혼을 하지 않았거나, 일을 하고 있지 않거나, 또는 아이를 가지고 있지 않다면 또 다음과 같은 질문을 받을 것입니다. "왜 결혼을 하지 않나요? 왜 일을 하지 않나요? 왜 아이들은 없나요?" 질문은 끝없이 계속됩니다. 이러한 아쉬람에 있는 모든 사람들은 그곳에 있는 다른 모든 사람들에 대한 개인적인 신상 문제들을 상세하게 압니다만, 그들 가운데 아무도 자유에 대해서는 아무것도 모릅니다. 그들은 남의 일을 수군거리느라 너무 바빠서 자유가 무엇인지를 알아낼 수 없습니다.

"저기 저 여자를 봐! 그녀는 이미 네 명의 남편과 이혼을 했고, 지금은 다섯 번째야!" 이런 좋은 이야기는 명상보다 훨씬 더 그들을 흥미롭게 할 것입니다. 이러한 아쉬람에 앉아 있는 사람들은 결국 자신의 기억과 경험이라는 짐뿐만 아니라 다른 모든 이들의 이야기들이라는 과중한 짐까지 짊어지게 됩니다.

당신 자신의 집에 사십시오. 그리고 고요하십시오. 이것이 저의 충고입니다. 다른 이들의 삶의 라마야나(이야기)로 자신에게 짐 지우지 마십시오. 자신의 작은 이야기에 충실하십시오. 그것으로 충분합니다. 왜 다른 사람들의 걱정과 이야기들로 스스로에게 짐을 지우려 합니까. 리쉬께쉬에 있는 아쉬람에 갈 때마다, 저는 변절한 스와미들에 대한 이야기들과 그런 이야기들을 들으려고 하는 사람들에 대한 명예롭지 못한 사건들을 듣습니다.

이러한 모든 드라마에 개입되지 말고 당신이 있는 그곳에 머무르십시오. 편안하게 사십시오. 좋은 삶을 누리십시오. 잘 먹고 건강을 유지하십시오. 그리고 당신이 가진 자유 시간에, 반시간이든 한 시간이든, 참나를 바라보는 데 바치십시오. 아쉬람에 가거나 공동체에 가기 위해 시간을 낭비하지 마십시오. 어디에 있든 단지 얼마의 정직한 시간을 자신에게 바치십시오. 당신이 해야 할 일은 단지 집으로 돌아가는 것, 즉 자신의 참나로 돌아가는 것입니다. 자신에게 "나는 돌아가야만 한다."라고 말하십시오. 그리고 시간 날 때마다 오로지 이러한 계획에 시간을 바치십시오. 이것으로 충분합니다. 그렇게 하면 당신은 집으로 돌아갈 것입니다. 당신이 여기에 있는 진짜 이유를 잊지 마십시오. 그것이 전부입니다.

왕이 그의 후계자로 한 사람을 뽑기를 원해서 궁으로 갔던 사람들에 대해 제가 했던 이야기를 기억합니까? 그들은 궁으로 간 이유를 잊고서 대신에 집으로 가져갈 물건들을 챙기느라, 또 제공된 다양한 유흥들을 즐기느라 시간을 보냈습니다. 그들은 자신이 왜 궁에 왔는지를 모두 잊었고, 결국 떠날 것을 요구 받았습니다.

먹고, 마시고, 좋은 옷을 입고, 음악을 듣는 것 등으로 모든 시간을 보내지 마십시오. 당신은 모든 삶을 그러한 것들로 낭비할 수도 있습니다. 그리고 실제로 대부분의 사람들은 그렇게 인생을 낭비하고 있습니다. 균형 잡힌 삶을 유지하십시오. 그리고 당신이 여기에 있는 이유를 기억하십시오. 당신은 샤워를 할 수 있고 좋은 욕실을 가질 수 있으며 좋은 옷을 입을 수도 있고 음식을 잘 먹을 수도 있습니다. 하지만 왕을 만나는 것을 잊지 마십시오. 그는 당신을 기다리고 있습니다. 그는 당신이 그의 궁으로 들어오는 것을 허락했습니다. 자유로 가는 문은 열려 있습니다. 그는 당신이 그곳으로 걸어올 것을 원하며 안에서 당신을 기다리고 있습니다. 불행히도 어느 누구도 들어가지 않습니다. 왜냐하면 모든 이들은 문 밖에 있는 다른 어떤 것에 마음이 팔려 있기 때문입니다. 이것은 좋지 않습니다. 하지만 이것이 실제 일어나는 일입니다. 붓다가 그의 궁의 모든 유혹거리를 무시하고 자유를 위해 문밖으로 걸어 나간 지 2,600년이 지났습니다. 누가 그를 따르고 있나요? 아무도 없습니다.

모두가 먹고 춤추며 즐기고 있습니다. 이것은 누구의 잘못입니까? 자유는 팔을 크게 벌려 당신을 기다리고 있습니다. 하지만 당신은 당신을 품고 싶어 하는 이 사랑스런 포옹에 응하지 않고 있습니다. 그렇지 않으면 다른 일에 정신이 팔려 있습니다. 이 모든 쾌락의 대상들로부터 행복을 얻으려고 할 때 당신은 사실 찰나의 행복을 구하고 있다는 것을 모르고 있습니다. 당신의 탐구 방향은 아주 잘못되었습니다. 당신은 행복을 찾고 있지만 엉뚱한 곳에서 찾으려 하고 있기 때문에 절대 찾지 못할 것입니다. 만약 올바른 장소를 안다면 한 순간에 그것을 얻게 될 것입니다. 그 한 순간은 바로 궁전의 모든 쾌락을 떨쳐 버리고 직접 알현실로 들어가 왕을 만나는 그 순간입니다. 이것을 하는 데 얼마의 시간이 필요합니까? 왕의 초대를 받아들이기 위해 이러한 쾌락을 버리는 데 시간이 얼마나 걸릴까요? 이 이야기에서 문은 아침 6시부터 저녁 6시까지 12시간 열려 있었습니다. 당신의 수명은 80살입니다. 당신은 그런 삶을 즐길 수 있지만 이번 생에서 당신이 해야 할 가장 중요한 것은 왕의 알현실로 들어가 왕위를 얻는 것이라는 점을 기억하십시오. 미루지 마십시오. 나중에 그렇게 할 시간이 있을 거라고 생각지 마십시오. 그것을 가장 우선으로 하십시오. 일시적인 쾌락을 물리치고 내부로 달려 들어가 내면의 왕을 만나십시오. 그렇게 하기만 하면 왕국은 모두 당신의 것이 될 것입니다.

당신은 궁전에서 기다리고 있는 동안 왕의 재산들을 하루 동안 사용할 수 있는 특별한 조치를 받았습니다. 당신이 왕의 초대를 받아들임으로써 왕이 된다면 그 모든 재산은 나머지 평생 동안 당신의 것이 될 것입니다. 욕조를 사용할 수 있는지 물을 필요도 없습니다. 왜냐하면 그것들 모두가 당신의 것이 될 것이기 때문입니다. 자유를 얻게 되어 참나와 하나가 되면, 당신에게는 더 이상 욕망이 없을 것입니다. 왜냐하면 모든 것은 당신 자신의 참나가 될 것이기 때문입니다. 당신이 욕구하거나 원할 수 있는 것으로 당신과 분리된 것은 아무것도 없을 것입니다. 이 한 순간의 시간을 들여서 왕의 초대를 받아들이고 그의 사랑을 받으십시오. 그러면 그때부터 당신은 내내 행복할 것입니다. 모든 세상은 자신의 참나일 것이며, 당신은 그것을 향유하는 즐거움을 누리게 될 것입니다.

만약 당신이 '이것은 나의 것'이라는 생각을 하면서, 즐기면서 인생을 보낸다면, 생애의 마지막에 가서는 내부에 있는 왕의 제안과 초대를 이용하지 못했다는 이유로 쫓겨날 것입니다. 그리고 떠날 때도 '나의 것'으로 간직하고 있던 그 어떤 물건이라도 가져갈 수 없을 것입니다. 이러한 모든 것들, 즐거움들과 소유물들은 당신을 속이고 있습니다. 당신이 만지는 모든 것이 당신을 물어뜯고 있지만, 당신은 알아차리지 못하고 더 많은 것을 얻기 위해 계속 돌아옵니다. 이 세상의 그 어떤 물건이라도 만지면 거기에는 독침이 있다는 것을 발견하게 될 것입니다. 장미는 아름답게 보이지만 그것을 잡으려 하면 숨겨져 있던 가시에 찔릴 것입니다. 당신이 행하고 냄새 맡고 사용하는 것에 매우 주의를 기울여야 합니다.

(긴 침묵)

당신은 자신의 매우 가까운 친척인 자신의 참나를 만날 것입니다. 자신의 참나보다 당신에게 더 가까운 사람은 아무도 없습니다. 이 참나는 영원한 친구이며 불멸의 영속하는 가장 아름다운 동반자이지만, 당신이 그것을 올바르게 보지 못하기 때문에 이것을 모르며 또한 이것에 감사할 줄 모릅니다. 당신에겐 이것을 볼 줄 아는 올바른 시력이 없습니다. 그것에 가까이 다가가서 일견하고 시험해 보십시오. 만약 그것이 이러한 영원성의 시험을 통과하지 못한다면 그것을 받아들이지 마십시오. 당신 자신이 선택하십시오. 그러나 적어도 직접 가서 그것을 보십시오. 다른 사람들의 말에만 의지하지 마십시오. 그것을 향해 나아가서 그것과 직접 직면하십시오. 그리고 그것이 마음에 들지 않는다면 거부하십시오.

(새로운 질문자) 어떻게 자신의 참나를 싫어할 수 있겠습니까?

모든 사람들은 말과 행동으로 참나를 좋아하지 않는다고 말하고 있습니다. 사람들은 의미 없는 것들을 좋아합니다. 영속적이지 않은 것들을 좋아합니다. 아무도 자신의 참나를 좋아하지 않습니다. 왜냐하면 모두가 참나 아닌 것을, 다시 말해 영속적이지 않은 것을 좋아하고 있기 때문입니다. 이처럼 생각하고 행동할 때 당신은 자신을 참나와 분리시키고 있습니다. 당신이 그토록 소중하게 여기는 이러한 것들 가운데 과연 그 어느 것이 당신과 함께 계속 머물겠습니까? 조만간 그것들은 당신과 분리될 것이고 당신은 다시 혼자가 될 것입니다. 모든 사람이 이러한 분리를 반복해서 경험합니다. 하지만 어느 누구도 그것들로부터 배움을 얻지 못합니다. 여전히 당신은 이러한 영구적이지 않은 이 모든 것들을 쿵쿵거리며 쫓아다닙니다. 생을 거듭하면서 당신은 이처럼 행동하는 것에 중독되어 이러한 행동을 계속할 것입니다.

그러면 그것에 대해 어떻게 해야 합니까? 저는 어떻게 해야 할지 방금 말했습니다. 그것에 다가가서 직접 대면하십시오. 당신의 생애 가운데 단 한 순간을 그것에 바치십시오. 80년의 생애 가운데서 1초를 빼내 자신의 참나를 대면하는 데 사용하십시오. 당신은 1초를 제외한 그 나머지 79년 11개월 29일과 59분 59초를 따로 사용할 수 있습니다. 이 1초는 당신의 참나를 보는 데 충분할 것입니다. 그리고 만약 그것이 마음에 들지 않는다면 그것을 거부하십시오.

(새로운 질문자) 어떻게 제가 그것을 볼 수 있죠? 어떻게요?

저는 이것을 분명히 밝혀야 합니다. 먼저 저는 당신이 자기 자신과 1센티미터, 아니 1밀리미터도 떨어져 있지 않은 자신의 참나를 볼 것이라고 말했습니다. 당신은 그곳에서 저에게 이 질문을 던졌습니다. 바로 그곳은 이 질문이 일어난 곳입니다. 이 질문이 나온 곳은 너무 가깝고 너무 소중합니다. 그곳은 당신과 너무 가까워서, 당신과 떨어진 곳이 있다는 관념조차도 거기에는 없습니다. 이 물음이 일어난 곳으로 돌아가십시오. 이 물음이 보이거나 인지되는 곳이 아닌, 물음이 원래 일어난 장소로 돌아가십시오. 이것은 심지어 숨이 일어나기보다 전에 있습니다. 질문을 하기 위해서는 숨을 쉬어야 하지 않습니까? 그래서 숨을 쉬기보다 먼저, 물음이 나타나기보다 먼저, 그 모든 것이 비롯되는 그곳은 도대체 무엇입니까?

그곳은 당신 안에 있습니다. 그것은 당신의 참나입니다. 하지만 "어떻게요?"라고 물을 때, 자동적으로 당신은 그곳과 멀어지게 됩니다. 어−떻−게라는 이 세 글자는 당신을 그곳에서 멀리 떨어지게 할 것이므로 그 말을 사용하지 않는 편이 낫습니다. 왜 그 말에 시간을 낭비합니까? 그것들은 당신의 주의를 이곳으로부터 딴 곳으로 돌리며, 마음을 흩뜨립니다. 이 말을 절대 선택하지 마십시오. 숨을 쉬지도 말고 그 말을 하지도 마십시오. 그 둘보다 앞서 있는 이곳을 발견하십시오. 만약 그곳에 이른다면 당신은 그것을 얻은 것이고, 만약 그곳을 찾지 못한다면 그것을 잃은 것입니다.

17

'나는 누구인가?'라는 이 물음은
들어 본 적이 없는 답을 줄 것입니다

그러면 이런 모든 물음들이 무슨 소용 있습니까? 물음의 유용성에 대해 말씀해 주실 수 있겠습니까?

물음은 유용합니다. 의심들을 없애고 유용한 정보를 얻으려면 물음을 던져야만 합니다. 만약 당신이 숲 속에 있는데 어떻게 나가는지를 모른다면, 그곳의 사람들에게 물어야 합니다. 물음들이 필요 없는 사람들에는 두 가지 부류가 있습니다. 한 부류는 어리석은 사람입니다. 그는 물을 필요가 없습니다. 사실 그는 무엇에 대해 물어야 할지를 모릅니다. 다른 한 부류는 현명한 사람입니다. 그는 문제들을 해결해서 더 이상 물음이 필요하지 않습니다. 이 사이에 구도자들의 집단이 있습니다. 이 그룹에 있는 사람들은 물어야만 합니다. 그들은 무엇인가를 찾고 있으며, 도움을 필요로 합니다.

그러나 당신은 너무나 분명하게 어떤 탐구도 이미 우리가 있는 곳으로 우리를 데려다 주지 못할 것이라고 말씀하십니다. 모든 탐구는 소용이 없습니다. 저는 이제 모든 탐구가 저를 어느 곳으로도 이끌지 못한다는 것을 알았습니다. 하지만 저는 여전히 정글 속에 있으며, 여전히 밖으로 나가는 방법을 알기를 원합니다. 또는 최소한 저를 밖으로 나가도록 도와줄 수 있는 사람에게로 가는 길을 찾기를 원합니다.

그렇습니다. 당신은 어리석은 사람도 아니고 아직 현명한 사람도 아니기 때문에 물음을 필요로 합니다. 당신은 중간에 있습니다. 당신은 숲 속에 있으며, 밖으로 나가는 길을 알지 못합니다. 당신은 숲에서 편치 않으며, 숲에서 떠나는 방법을 찾는 것을 도와줄 안내자가 필요합니다. 당신은 땅거미가 지고 있음을 알고 야생 동물들에게 먹이가 될지도 모르는 위험한 곳에 있음을 압니다. 자신이 위험에 처해 있다는 것을 알고 너무 늦기 전에 그곳으로부터 빠져나가기를 원합니다. 그래서 자신이 그곳에서 떠나기를 원한다는 것을 안다면, 왜 도움을 구하고 방향을 물어보지 않겠습니까?

모르면서 모른다는 사실을 모르는 사람은 어리석은 사람입니다. 그를 혼자 내버려두십시오. 그를 피하십시오. 그의 집에 머물거나 그와 어떤 관계도 맺지 마십시오. 두 번째 부류는 모르면서 그가 모른다는 사실을 아는 사람입니다. 세 번째 부류는, 현명한 사람으로, 알면서 안다는 사실을 아는 사람입니다.

이 세 가지 부류 중에서 당신이 결국 어느 부류에 들어서게 될 것인지는 당신에게 달려 있습니다. 선택하십시오. 첫 번째 또는 세 번째 그룹에 있는 사람은 행복하지만 이유가 다릅니다. 오직 두 번째 부류의 사람들이 걱정을 하는데, 그 이유는 자신이 어려움에 처해 있다는 것을 알고 있기 때문입니다. 그들은 위험에 처해 있음을 알아채고 그 위험을 피하기 위해 무엇인가를 해야겠다고 결심합니다.

현재의 환경에서 행복한 사람들은 어리석은 사람입니다. 즐거움과 쾌락의 숲이 위험한 곳임을 아는 사람들은 탐구자들입니다.

물음은 던질 필요가 있습니다. 물음은 당신의 상태를 드러나게 합니다. 물음은 당신이 무엇을 원하고, 무엇을 할 필요가 있고, 무엇을 알 필요가 있는지를 드러나게 해줄 것입니다. 하지만 효과적이기 위해서는 물음의 주제가 적절해야 합니다. 만약 다른 사람들이나 당신 밖의 것들에 대해 묻는다면 당신의 물음들은 끝이 없고 결국 무의미하게 될 것입니다.

현명한 물음, 분별 있는 물음은 오직 하나밖에 없는데, 이것이 당신이 궁극적으로 자신에게 던져야 할 물음입니다. "나는 누구인가?"라는 이 물음은 당신이 지금까지 한 번도 들어 본 적이 없는 답을 줄 것입니다. 이 물음은 당신이 자신에게 던질 수 있는 물음이어서, 당신에게 답을 줄 외부의 어떤 권위자도 필요하지 않습니다. 하지만 어느 누구도 이런 질문을 하지 않습니다. 모든 사람들은 다른 것들이나 다른 사람들에 대하여 묻습니다. 이러한 핵심적이지 않은 질문들은 모두 과거에 대한 것입니다. 답을 얻기 위해 마음에게로 가는 모든 질문은 과거에 대한 것입니다. 만약 당신이 "나는 누구인가?"라는 질문을 하고 그 답을 찾을 수 있다면, 당신은 과거로부터 나오게 될 것입니다. 이 질문에 대한 답은 과거나 당신의 기억들 또는 경험들이나 지식에서 찾아질 수 없습니다.

어느 누구도 이 근본적인 물음을 하지 않습니다. 대신 사람들은 "이것은 무엇입니까?" 그리고 "저것은 무엇입니까?"라는 물음들을 계속 던집니다. 사람들은 때론 "신은 누구인가?"라고 묻기도 하지만, 이것조차도 답이 필요한 기본적인 물음들을 다루지 못합니다. 어느 누구도 이 진실한 하나의 질문을 똑바로 직면하지 않았습니다.

"나는 누구인가?" "나는 어디에 있는가?" "이 나라는 것은 누구인가?" 이런 것들은 모두가 동일한 근본적인 질문입니다. 만약 당신이 정확한 답을 찾는다면, 모든 다른 의문들은 끝날 것입니다. 의문들이 끝날 뿐 아니라, 모든 현상이 끝날 것이고, 모든 고통이 끝날 것이고, 모든 현현이 끝날 것입니다. 이러한 물음은 묻는 데 시간이 걸리지 않으며, 답은 시간 속에서 일어나지 않습니다. 답은 시간 너머에 있는 순간 속에서 발견됩니다. 답은 수십 마일이나 멀리 떨어져 있지 않습니다. 물음을 던지는 것은 마음을 가라앉힐 뿐만 아니라, 당신을 모든 질문의 원천으로 데려다 줄 것입니다. 이러한 물음은 고요한 마음을 일어나게 하는 것이 아니라, 마음을 완전히 사라지게 만듭니다. 당신을 자유롭게 해 놓은 채, 마음은 사라질 것입니다. 이것은 자유라 불립니다. 즉 모든 의문들로부터의 자유, 모든 고통들로부터의 자유, 태어남과 죽음의 윤회로부터의 자유입니다. 이것은 질문을 던질 필요가 있는 하나의 물음입니다.

(새로운 질문자) 당신은 우리가 '나'와 동일시하는 순간에 모든 것이 일어난다고 말합니다. 저는 완전히 '지금'에 있다고 느꼈던, 다시 말해 모든 생각이 전혀 없다고 느꼈던 때가 있었습니다. 그러나 그 순간에는 현상계가 더 이상 없다는 자각도 없습니다. 저는 가끔 '나'라는 것이 일어나 생각이나 개념에 달라붙는 것을 느낍니다. 하지만 '나'라는 것이 더 이상 생각과 이어지지 않게 되어 마음이 차분해지는 것을 느낄 때는 아무것도 없다는 것도 느끼지 않습니다.

현상이 나타나고 현상이 나타나지 않는 것은 둘 다 개념입니다. 일어남과 일어나지 않음 또한 사라질 것입니다. 있음과 없음은 사라질 것입니다.

그러면 어떠한 일어남이나 일어나지 않음도 없을 때 당신은 그것들이 '나'와 함께 일어난다는 것을 어떻게 압니까?

있음과 없음은 서로 관련되어 있으며, 마지막 경험과 마지막 지식에서 그들 둘은 사라질 것이라고 했습니다. 어떤 학파들은 궁극의 실재는 공空, 텅 빔이라고 말합니다. 그들은 이 공을 강조합니다. 그들은 공과 공의 개념에 집착하지만 이것은 또 하나의 생각일 뿐입니다. 공이 일어나게 하십시오. 형상들이 일어나게 하십시오. 그것 모두는 마음입니다.

공을 만들어 낸 것도 마음입니다. 공은 마음의 투사일 뿐입니다. 이 공의 투사는 어디로부터 왔습니까? 우리는 공의 개념에 점점 얽매이는 것을 피하기 위해 이것을 발견해야 합니다. 마음은 그것이 투사한 것이면 무엇에나 집착합니다. 만약 공이 궁극의 상태라고 생각한다면, 마음은 당신을 위해 이 상태를 창조하고 당신이 그것을 즐기도록 할 것입니다. 마음은 당신이 이 공을 맛보게 하고 그것에 만족을 느끼게 할 것입니다. 이것은 미리 결정된 목적을 가진 계획입니다. 당신은 마음으로 목표를 계획하고, 다음에는 그 동일한 마음이 그 상태에 들어가서 그것을 맛봅니다.

형태들이 일어나든 일어나지 않든 놓아두십시오. 공이 일어나든 일어나지 않든 놓아두십시오. 당신은 현상계의 나타남이나 사라짐 어느 것에도 관계되어 있지 않습니다. 이 마음의 상태들이 쉬게 될 곳은 어디입니까? 그것들이 가라앉는 곳은 어디입니까? 그것은 다른 어떤 곳이며 다른 무엇입니다. 그것은 묘사되지 않고, 묘사할 수도 없고, 만져지지도 않습니다. 그것은 손이 닿지 않는 곳, 손이 닿지 않는 영역에 있습니다. (혼자 조용히 웃음)

하지만 그것은 저의 어깨를 두드리며 "나 여기 있어."라고 말하지 않겠지요? 이 손이 닿지 않는 영역이 어느 날 저에게 와서 그 스스로를 알리지 않겠지요? 그리고 그것이 적절한 시기에 찾아오지도 않겠지요?

당신은 그곳으로부터 어떤 메시지도 받지 않을 것입니다. 그것은 손뼉을 치며 자신의 존재를 알리지도 않을 것입니다. 그것은 돌아갈 수 없는 곳이며 어떤 메시지도 나오지 않는 곳입니다. 하지만 모든 것은 그 위에서 춤을 춥니다. 현상과 공은 모두 그 위에서 춤을 춥니다. 현상과 공은 무엇이 밑에 깔려 있는지 모르는 채 모두 그 위에서 춤을 춥니다.

(새로운 질문자) 저는 앉아서 마음이 움직이는 법을 보고 있을 때, 저의

자아가 사방으로 채여 가는 것을 봅니다. 저는 앉아서 "나는 이것에 화가 난다." 또는 "나는 이것을 좋아한다." 또는 "나는 그것을 기억한다."는 생각을 봅니다. 또는 어떤 것을 해서는 안 된다는 것을 알면서도 하고 있는 저 자신을 보면서 아프거나 당혹함을 느낍니다. 이러한 모든 것을 보고 있는 의식은 무엇입니까?

식별입니다.

식별이라고요?

식별하지 마십시오. 이런 것들이 오고 가도록 내버려두십시오.

당신이 번잡한 도로변에 서 있다고 상상하십시오. 차들은 양방향으로 당신 곁을 지나가지만 당신은 그것들과 상관이 없기 때문에 그것들에 관심이 없습니다. 그런데 갑자기 친구의 번호판이 달린 차가 옆을 지나가면, 그것에 주의를 줄 것입니다. 친구가 차를 타고 있는지를 알기 위하여 차를 바라볼 것입니다. 많은 차들이 관심을 끌지 못하고 지나갔지만 이 차는 주의를 끌 것입니다. 당신의 시선은 그 차를 따라서 움직이겠지요, 그렇지 않습니까? 이것이 식별이 작동하는 방법입니다. 지나가는 많은 차들에 무관심했지만, 관심을 끄는 차가 지나갈 때는 식별을 사용하여 그 차에 시선을 두고 따라갔습니다.

이런 식으로 식별하는 것은 누구입니까? 한 생각만을 따르도록 하는 것은 누구입니까? 이 물음을 던지십시오. 이 물음이 마음의 작용을 멈추게 할 것입니다. 그것은 한 생각만을 따르도록 하는 과정을 멈추게 할 것입니다.

저의 마음에 어떤 뿌리박힌 패턴들이 있음을 봅니다. 저는 제가 프로그램되어 있고 제가 어떻게 생각하고 행동하는지에 대한 실질적인 선택권이 없음을 느낍니다.

당신은 언젠가 저에게 말씀하셨습니다. "당신은 죄인으로 길들여져 왔기 때문에 죄인이다. 당신은 그것을 믿고 그런 식으로 산다. 그래서 당신은 평생 죄를 짓게 될 것이다."

그래서 저는 저 자신에게 어떤 작은 실험을 하기로 결심했습니다. 저는 고요하게 앉아서 이 '나'라는 것이 자신에 대해 어떤 생각도 갖고 있지 않을 때 무엇인지 보기로 결심했습니다. 저는 그것이 매우 어렵다는 것을 알았습니다. '나'라는 것에 다른 어떤 것이 덧붙여지지 않으면 나에 대한 어떠한 지각이나 느낌도 없습니다.

자신이 죄인이라는 이 생각을 없애야 합니다. 왜냐하면 그것이 바로 당신에게 곤란함을 주는 생각이기 때문입니다. "죄는 나에게 미치지 않는다. 죄는 결코 내 안에 산 적이 없다. 나는 모든 죄로부터 자유롭다." 이것이 바로 당신의 진정한 정체입니다. 그것이 참된 당신입니다. 그것은 당신의 장소이며 당신의 본성입니다. 그것은 당신의 존재입니다. 나머지 모든 것은 당신에게 속해 있지 않습니다. 당신이 나중에 자신의 것으로 받아들였던 것은 외부의 매개체들로부터 모은 관념의 다발들일 뿐입니다. 저는 당신이 죄인이라고 말하지 않습니다. 저는 당신이 진정 누구인지를 압니다. 당신은 저 자신이고, 당신은 자유롭습니다. 그것이 제가 말하는 것이고, 제가 당신에게 말하는 것입니다. 당신은 당신이 죄인이라는 말을 듣고 그 말을 믿었을 뿐입니다.

그것이 제가 말하고자 하는 바입니다. 어제 당신은 제가 죄인으로 길들여져 왔고 물개처럼 길들여져 왔다고 말씀하셨습니다. 사람들이 저에게 이렇게 말할 때, 저는 그 말을 믿고 마치 그것이 진실인 것처럼 행동하기 시작합니다. 당신이 이렇게 말씀하셨을 때, 그 말씀은 저에게 매우 깊은 영향을 미쳤습니다. 그것이 진실이라는 것을 알고 있기 때문입니다.

당신만이 아닙니다. 모든 세상이 이처럼 영향을 받습니다. 그것은 모든 세대를 거쳐 이어져 왔고 앞으로도 이어질 것입니다. 하지만 그것은 모두 상상입니다. 그것은 당신이 성냥 하나로 불태워 없앨 수 있는 짚더미입니다. 하지만 당신은 지나치게 죄와 선에 대해 생각하도록 길들여져서 심지어 짚더미에 불을 놓는 것조차 죄가 될 것이라고 생각합니다. 선과 악, 옳고 그름에 대한 이 모든 생각들 때문에 당신은 성냥을 긋지 못합니다. 당신의 방해물들은 성냥 하나로 밝혀진 불 속으로 몽땅 사라질 수 있습니다. 그 불이 자유입니다. 이 자유의 불로 모든 것을 태우십시오.

극소수의 사람만이 이 길로 오며, 극소수의 사람만이 모든 것을 태워 버릴 그 성냥불을 그을 수 있습니다.

18

참나는 당신의 호흡보다
더 가까이 있습니다

저는 여전히 어떤 노력을 할 필요가 있다고 느끼고 있으며, 필요하다고 느끼는 노력은 내버려두는 것입니다. 저는 또한 자기 탐구에 대해 생각하고 있습니다. 누군가가 "이 생각을 생각하는 사람은 누구인가?" 혹은 "이 느낌을 느끼는 사람은 누구인가?"라는 질문을 할 때, 이것은 노력이 아닙니까? 스승님께서는 이것을 노력이라 부를 수 있습니까?

자유는 영원합니다. 해방, 즉 깨달음은 영원하고 자연스러우며, 그리고 지금 여기입니다. 이것이 자유입니다. 당신의 진정한 본질은 영원하며 늘 성취되어 있으며, 이것을 발견하기 위한 유일한 노력은 생각 없이 머무르는 것입니다. 어떤 생각이 일어나든지, 그 생각은 당신을 어딘가로 데리고 갈 것입니다. 생각을 통해서는 자유를 얻을 수 없습니다. 생각은 당신을 어딘가로, 즉 참나가 아닌 어떤 대상들로 데리고 갈 것입니다. 원한다면 이것을 '노력'이라 불러도 좋습니다. 단지 마음이 대상들로 달려가 매달리는 경향을 저지할 필요가 있습니다. 이런 일이 일어나지 않는다면 무슨 일이 일어날지 상상해 보세요. 그러면 무슨 일이 일어날까요? 대답해 보세요.

아무 일도 일어나지 않을 것입니다. 침묵만이 있을 것입니다.

예, 침묵이 있을 것입니다. 더 이상 어떤 것도 없습니다. 아무 일도 일어나지 않다면, 그것은 무엇으로 불립니까? 그것은 자유가 아닙니까? 아무 일도 일어나지 않다면, 이것은 자유로 불리지 않습니까? 이것은 당신의 본성이 아닙니까? 이것은 당신이 찾고 있는 빛이 아닙니까? 이것은 지혜가 아닙니까? 생각은 대상들을 향해, 감각 대상들의 향락을 향하여 나아가고 있기 때문에 당신을 괴롭히고 있습니다. 이 경향성을 저지하고 정지시킬 수 있다면, 이것은 자유라고 불립니다. 그것을 저지할 수 없다면, 현상계와 고통이 있을 것입니다. 이 생각의 반복을 저지할 수 없다면, 당신은 끝없는 탄생과 죽음의 윤회에 갇힐 것입니다. 당신이 원하는 어떤 방법을 선택해도 좋습니다. 이것은 당신의 본성입니다. 그러니 그것을 두려워하지 마세요. 조만간 당신은 그곳으로 돌아가야 합니다.

대상들에 매달려서 무엇을 얻은 적이 있습니까? 천지창조 이후 오늘날까지, 어떤 사람이 대상의 집착으로부터 무엇을 얻었습니까? 이 행성이나 다른 행성에서 태어난 어떤 사람이 참나의 본성에서 도망치면서 도대체 무엇을 얻었습니까? 이것을 통해 가치 있는 어떤 것을 성취하기라도 했습니까? 행복을 원하고, 평화를 원하고, 그리고 참나의 영원한 본성에, 자유에, 지혜에 머물고 싶다면, 오직 한 가지 방법이 있습니다. 그것은 생각의 과정을 저지하는 것입니다.

이 비결을 알았을 때, 당신은 생각이 가고 싶은 곳이면 어디든지 생각을 떠돌아다니게 할 수 있습니다. 참나에 확실히 자리를 잡으십시오. 그러면 생각들이 어디로 가든 그것은 중요하지 않습니다. 그 지혜나 그 지식을 가지고 있을 때, 당신과 당신의 생각들은 어디든지 원하는 곳으로 자유로이 다닐 수 있습니다. 그러나 이전과 큰 차이가 있을 것입니다. 즉 어떤 두려움도 없을 것입니다. 똬리를 튼 밧줄을 뱀으로 여길 때는 두려움이 있지만, 그러한 겹쳐 놓음이 사라질 때는 두려움 또한 없습니다. 그 상태에서는 차이도 사라집니다. 두려움도 사라질 것입니다.

자기 자신의 본성으로 돌아가는 데 어떤 노력이 필요합니까? 어딘가로 가고, 어떤 것을 획득하고, 어떤 것을 성취하고, 다른 누군가를 만나고 싶다면 어떤 노력을 해야 합니다. 그러나 본래의 자기 자신으로 머물기 위해서는 무슨 노력이 필요하겠습니까? 이미 가지고 있지 않은 것을 획득하려고 한다면, 노력을 기울여야 합니다. 소유하지 않은 어떤 대상이 있어서 그것을 갖고 싶다면, 어떤 노력을 해야 합니다. 자동차가 없어서 자동차를 갖고 싶다면, 그것을 소유하기 위해 노력을 해야 합니다. 돈을 벌기 위해 일하러 가야 하거나 대출을 해야 합니다. 수중에 돈이 있을 때 자동차 전시장으로 가서 차를 사 와야 합니다. 이 모든 것은 노력이고, 이와 같은 노력은 당신과 분리된 어떤 대상을 획득하고 싶을 때마다 필요합니다. 그러나 당신이 알고 싶은 것이 이미 존재하는 완전한 자기 자신일 때는 무슨 노력이 필요하겠습니까? 이미 존재하고 있는 자신이 되기 위해서는 어떤 노력이 필요합니까?

어떤 시간도 필요하지 않습니다. 어떤 노력도 필요하지 않습니다. 그러나 이것이 대부분의 사람들에게 문제입니다. 모든 사람은 원하거나 필요한 사물을 손에 넣거나 획득하기 위해 노력을 하는 데 익숙해 있기 때문에, 어떠한 노력도 없이 당장 이용할 수 있는 것은 많은 사람들에게 문제가 됩니다. 너무 가까이 있는 것들은 당신에게 너무 자연스러워서 그것들을 획득하기 위해 노력할 필요가 있다고는 결코 생각되지 않습니다. 호흡을 예로 들어 봅시다. 아무도 숨을 쉬려고 계획을 하거나 생각하지 않습니다. 아무도 훗날의 호흡을 확보하기 위해 열심히 일하여 저축하지 않습니다. 호흡은 자연스럽게 노력 없이 항상 있습니다. 숨을 들이쉬고 내쉬기 위해 어떤 노력도 할 필요가 없습니다. 왜냐하면 호흡은 그냥 자연스럽게 일어나기 때문입니다. 당신이 어렸을 때는 아무도 당신에게 호흡을 어떻게 하는지 가르칠 필요가 없었습니다. 모든 아이는 공기를 어떻게 들이쉬고 내쉬는지 알고 있습니다. 어떤 교육도 없었습니다. 그러다가 그 아이가 성장하고, 어떤 사람이 "내가 당신에게 쁘라나야마를 가르쳐 주겠습니다. 우리의 아쉬람으로 오세요. 우리가 당신에게 적절하게 호흡하는 방법을 가르쳐 드리겠습니다."라고 말합니다. 갑자기, 당신이 노력 없이 평생 동안 했던 호흡이 스스로 훈련해야 하는 복잡한 주제가 됩니다.

참나에 이르기 위해 노력하는 것은 이것과 꼭 같습니다. 참나는 당신의 평생 동안 자연스럽게, 노력 없이 있었지만 당신은 다른 것들을 보느라 너무 바쁜 나머지 그것을 알아차리지 못했습니다. 그래서 누군가 참나에 이르고 그것을 손에 넣는 방법과 계획을 제시할 때, 당신은 이것이 나아가야 할 길이라고 생각합니다.

참나는 당신의 호흡보다 더 가까이 있습니다. 바로 그 참나를 통하여 호흡이 움직입니다. 그것은 호흡 안에 있습니다. 호흡을 하는 데는 약간의 노력이 필요할지 모릅니다. 가슴에 있는 근육은, 비록 당신이 대부분의 시간 동안 알지 못할지라도, 확장하고 수축되어야 합니다. 그러나 심지어 이런 최소한의 노력도 참나를 아는 데 요구되지 않습니다. 참나는 노력 없이 항상 있습니다. 단지 당신 마음이 항상 다른 방향을 가리키기 때문에 그것을 잃어버립니다. 당신은 내면을 보지 않고 외부를 보고 있습니다.

마음의 얼굴은 항상 외부를 바라보며, 소위 즐거움들을 향해 나아가고 있습니다. 그러나 그것들이 진정 즐거움입니까? 마음이 가는 곳마다 마음은 고통스런 쾌감을 얻을 것입니다. 당신이 즐거움들이라 부르는 모든 것은 단지 마음에 걸어차임을 남기고 끝납니다. 그래서 당신은 어떻게 해야겠습니까? 당신은 그것을 버리고 역시 쾌감을 주는 다른 어떤 것을 선택해야 합니다. 이 즐거움은 삶이 끝날 때까지 계속됩니다. 아무도 지금까지 이러한 외부적인 대상들을 향유하면서 실질적이고 영원한 만족을 얻지 못했습니다.

당신은 이러한 만족을 주지 않는 어떤 대상을 선택합니다. 그러고는 "이것이 아니야. 다른 것을 선택해야겠어."라고 생각하면서 그것을 버립니다. 선택하고 버리는 이러한 과정은 끝없이 계속됩니다. 이것이 바로 이곳 지구에서 벌어지는 삶입니다.

아무도 행복의 원천을 모르기 때문에 이런 과정은 계속됩니다. 아무도 행복의 원천을 찾으려고 애쓰지도 않고, 심지어 그것에 대해 말조차 하지 않습니다. 그 대신에 모든 사람은 외부의 즐거움을 찾아다니면서 끝없는 고통을 받을 뿐입니다.

이러한 행복의 개념은 어디에서 일어납니까? 행복을 찾아다니지만, 아무도 자기의 마음을 행복이 일어나는 그곳으로 돌리지 않습니다. 이제 마음의 방향을 행복이 일어나는 장소로 돌리십시오. 이렇게 하면 당신은 매우 행복할 것입니다. 마음은 걸림이 없을 것입니다. 덧 없는 것들을 좇는 대신에, 마음은 그곳에 달라붙을 것입니다. 다시 말 해 그 행복에 매달릴 것입니다. 마음은 결코 그곳에서 돌아오지 않을 것이며, 돌아오기를 바라지도 않을 것입니다. 그러나 아무도 이렇게 하려고 노력하지 않습니다.

이와 같은 이야기들은 수천 년 동안 계속되어 왔습니다. 행복의 원 천과 그것을 발견할 수 있는 방법에 대한 이야기 말입니다. 그것은 고 대의 모든 경전들 속에 들어 있고, 그때부터 지금까지 계속 이어지고 있습니다. 여기저기서 얼마의 성과는 이루어졌지만 그 성과가 많지 는 않습니다. 왜냐하면 대부분의 사람들이 행복에 대한 진리를 들을 때 그들은 단지 그것을 믿지 않기 때문입니다. 그들이 믿지 못하는 이 유는 행복을 얻기 위해서는 엄청난 노력을 해야 한다고 확신하고 있기 때문입니다. 그런데 그 엄청난 노력을 기울일 때 그것은 항상 그들을 그들 밖의 어떤 것으로, 다시 말해 그들 자신의 참나의 행복이 아닌 어 떤 것으로 데려갑니다.

그들은 있는 그대로의 자신으로 머무르지 않습니다. 그들은 하나의 관념으로 고요함을 방해하고, 그 다음 그 고요함을 다시 얻으려고 사 방을 찾아다니는 노력을 기울입니다. 그 모든 것은 마음의 교란에서 시작됩니다. 무언가가 마음의 기저에 있는 고요함을 방해하면, 그 다음엔 고통이 뒤따릅니다.

극소수의 사람들은 행복의 근원과 유래를 발견하고 그곳에 머무름으로써 행복의 비밀을 알았습니다. 그러나 그들이 그 비밀에 대해 말할 때, 아무도 그들을 믿지 않습니다. 아무도 단순한 행복의 진리, 즉 생각 없이 존재하는 아름다움을 믿지 않기 때문에 삼사라는 계속됩니다. 그것은 절대적으로 노력하지 않는 과정이고 순간적으로 일어납니다. 이 장소는 현재 이 순간, 지금 여기에서 누구에게나 사용 가능합니다. '지금'은 정말로 지금을 의미합니다. 이전도 아니고 이후도 아닙니다. 누구든지 이 호수 속으로 잠수하여 그것을 발견할 수 있습니다.

빠빠지께서는 어떤 생각들도 가지지 않는 것이 자유라고 말합니다. 생각이나 욕망이 일어날 때 우리가 단지 그것들을 마음의 움직임으로 본다면 그것도 자유입니까?

이것은 모순된 말입니다. 자유의 생각이 있을 때는 이것도 역시 생각입니다. 마음은 이 생각으로 가득 차 있습니다. 다른 생각이 어떻게 동시에 있을 수 있겠습니까? 두 사람이 한 의자를 동시에 차지할 수는 없습니다. 그들은 차례로 의자를 차지해야 합니다. 한 사람이 의자에 앉으면, 다른 사람이 앉을 장소는 어디에 있겠습니까? 생각과 생각으로부터의 자유는 동시에 있을 수 없습니다.

"나는 자유를 원한다."는 생각이 가득 차 있는 마음으로 충분합니다. 그렇다면, 다른 어떠한 생각도 들어올 여지가 없을 것입니다. 두 생각은 함께 동시에 머무를 수 없습니다. 당신은 보스턴과 럭나우를 동시에 생각할 수 없습니다. 직접 한번 해보세요. 보스턴의 생각으로부터 럭나우의 생각으로 주의력을 매우 빨리 바꿀 수는 있습니다. 그러나 그것들에 대해 둘 다 동시에 생각할 수는 없습니다. 당신이 보스턴에 대해 생각할 때, 비록 몸은 럭나우에 있을지라도 주의력은 보스턴에 있습니다. 명상에서도 마찬가지입니다. 당신의 마음은 어디든 생각이 있는 곳에 있습니다. 마음이 어떤 것에 빠져서 여념이 없다면 당신은 그곳에 있습니다. 생각이 없는 상태로 있을 수 있다면, 당신은 즉시 자유의 공간에 있습니다. 그러나 만약 꼬리에 꼬리를 무는 생각에 빠져 있다면, 당신은 다른 어떤 것에 정신이 팔려 다른 어떤 곳에 있게 됩니다.

마음과 생각은 빛의 속도보다 빠릅니다. 빛이 태양으로부터 지구에 도달하는 데는 몇 분이 걸립니다. 그러나 당신이 태양에 대해 생각할 때, 당신은 당장 거기에 있습니다. 몇 년 전에 당신은 당신이 사랑한 어떤 사람과 얼마의 시간을 보냈을지도 모릅니다. 당신의 마음속에 그 일에 대한 생각이 날 때, 당신은 즉시 그 사람과 함께 그곳으로 돌아가 있습니다. 단 한 순간에 현재에서 10년 전의 그 과거로 질주합니다. 자유를 발견하기 위해 마음의 이 속성을 이용할 수 있습니다. 마음의 근원을 발견하기 위해서 수년의 여행이나 탐험이 소요되지 않습니다. 그곳에 있으려는 매우 강한 결심을 가지고 생각이 일어나는 그 장소를 찾으십시오. 그러면 즉시 그곳에 있게 됩니다.

자유를 얻기 위해 바로 이 강한 결심을 이용할 수 있습니다. 이렇게 하면 근원에 도달할 수 있습니다. 이 강한 결심은 당신에게 단 한 번만 올 수도 있지만 한 번으로 충분할 수 있습니다. 인간으로 잘 태어나서 그것이 한 번 올 수 있다면 그것으로 충분할 것입니다. 수백만 번의 환생 끝에 당신은 사람의 몸을 받아 잘 태어났으며, 그러한 생애 속에서 자유를 찾으려는 이러한 드문 결심을 합니다. 그것은 여러 사건들이 드물게 결합한 결과입니다.

3천5백만 년 동안 당신은 종에서 종으로 환생을 거듭해 왔습니다. 그러다가 마침내 인간으로 태어난 것입니다. 자유를 찾기 위해서는 좋은 국가의 좋은 집안에서 잘 태어나야 하고, 또 자유에 대한 욕망과 같은 여러 가지 사건들이 드물게 결합이 되어야 합니다. 자유에 대한 이러한 욕망이 있어야 당신은 자신의 참나와 함께든지, 아니면 이미 참나를 알고 있어 그 참나를 당신에게 보여 줄 수 있는 어떤 사람과 함께든지 삿상에 참여할 것입니다. 삿상은 자유가 다루어지는 장소입니다. 그것은 사람들이 진리에 대해 수다를 떠는 장소일 뿐만 아니라, 자유라는 일이 스승과 제자 사이에 다루어지는 장소이기도 합니다.

이것은 여러 사건이 드물게 결합된 결과이지만 거기에는 많은 공덕과 행운이 따라야 합니다. 따라서 이 일이 일어나기 위해서는 많은 일들이 반드시 일어나야 합니다. 과거의 그 모든 환생 끝에 당신은 이 순간에 이르렀습니다. 그러다가 자유를 얻게 될 때, 당신은 이 순간에 이를 때까지의 그 모든 환생을 볼 수 있을 것입니다. 저는 이것이 저에게 일어나는 것을 보았습니다. 강가(갠지스 강)의 강둑에 앉아 있을 때 저는 전생에 제가 몸을 받았던 그 모든 종들을 보았습니다.

전생에는 어떤 동물로 태어나셨습니까?

벌레들이나 미생물들과 같은 그 모든 것들이었습니다. 그것들이 하나씩 제 앞을 지나갔을 때 저는 깨달았습니다. "처음에는 내가 이것이었고 그 다음에는 저것이었구나." 저는 이 모든 것들이 계속되는 동안 강가의 강둑에 앉아 있었습니다. 제가 깨어 있는 상태에 있었기 때문에 그것은 꿈이 아니었습니다. 과거의 모든 전생이 제 앞을 지나갔습니다. 저는 모든 전생을 다 보았고, 그 장면의 마지막에 제 스승의 모습을 보았습니다. 그 다음 생의 연속들은 끝이 났습니다.

다른 행성들에서 환생했던 때도 있었습니다. 저는 어떤 종류의 사람들이 거기에 사는지 보았습니다. 사람들은 다른 행성에 생명체가 있는지 의아해하지만, 저는 그렇지 않습니다. 직접 그것을 보았고 경험했기 때문에 압니다.

모두가 자유롭고 자신이 자유롭다는 것을 아는 행성도 있습니까?

아닙니다. 자유는 오직 이 땅에서, 이 지구에서만 얻을 수 있습니다. 신들을 포함하여 모든 사람이 자유를 얻고 싶다면 이 지구로 와야 합니다. 심지어 신들도 여기로 와야 합니다. 이 땅은 자유가 발생하는 유일한 곳입니다. 모든 다른 장소들은 즐거움이나 고통이 일어나는 곳입니다. 모든 사람은 궁극적으로 여기로 와야 합니다.

이 모든 삶에 대한 신비는 순식간에 일어납니다. 그것은 길고 복잡한 이야기가 순식간에 일어날 수 있는 꿈과 같습니다.

이것을 구체적으로 설명해 주는 오래된 이야기가 있습니다. 왕은 큰 전투에서 승리를 거두고 막 돌아왔습니다. 이웃 나라가 그의 영토를 공격해 왔고, 그래서 왕은 장군들과 군대를 데리고 그 공격을 격퇴하였습니다. 왕은 왕실에 앉아 장군들과 이야기를 나누고 있었습니다. 그는 매우 지치고 피곤했습니다. 그의 스승이 들어왔을 때, 왕은 즉시 그에게 그의 자리를 내주었습니다. 그는 왕실에 있던 모든 사람을 내보내며 말했습니다. "나의 구루께서 오셨소. 나는 그분과 이야기하고 싶소. 모두들 돌아가시오." 장군들이 자리를 떠나고 있을 때 왕은 너무 피곤했기 때문에 잠깐 잠이 들었습니다. 그들이 모두 떠났을 때쯤 그는 다시 깨어났습니다. 때때로 몇 초 동안의 짧은 선잠이라도 매우 상쾌한 효과를 줄 수 있습니다.

그는 구루에게 다가가 말하기를 "질문이 있습니다. 우리는 군대의 원정에서 방금 돌아왔습니다. 스승님께서 방에 들어오셨을 때, 우리는 원정에 대해 이야기하고 있었습니다. 큰 전투가 있었고 저는 그 때문에 완전히 녹초가 된 느낌이었습니다. 모든 사람이 떠나고 있을 때, 저는 짧은 잠을 잤습니다. 단지 몇 초 동안이었습니다. 그러나 그 꿈에서 저는 거지였습니다. 저는 마을 변두리에서 음식을 구걸하고, 인근의 숲 속에 살면서 수년 동안 거지 생활을 했습니다.

어느 날 저는 마을에 들어가 다른 변두리로 나왔습니다. 다른 거지들 중 한 명이 '어디로 갑니까?'라고 질문했고, 저는 '오늘 왕의 아들이 태어났습니다. 왕은 궁전에 오는 모든 사람에게 먹을 것을 줄 거라고 약속했습니다. 우리는 오늘 구걸할 필요가 없습니다. 우리는 궁전의 축연에 참여할 수 있습니다. 왕이 모든 사람에게 무료로 옷을 줄 것이라는 말도 들었습니다.'라고 대답했습니다.

저는 왕의 궁전에 갔고 모든 사람은 금화, 사탕, 비단옷을 받았습니다. 왕이 매우 관대했기 때문에 모든 사람은 매우 행복했습니다.

저는 혼자 생각했습니다. '나는 지금 매우 더럽다. 새 옷을 입고 왕의 음식을 먹기 전에 우물로 가서 목욕을 해야겠다.' 저는 우물로 갔고 우물 속의 물통을 끌어당기기 시작했습니다. 제가 물통을 끌어당기고 있을 때 개가 지나가다가 제가 땅에 놓아둔 제 음식 봉지를 물고 달아났습니다. 저는 개를 쫓았고, 달려가다가 돌에 걸려 넘어졌습니다. 땅에 부딪쳤을 때 저는 깨어났고 바로 여기 이 궁전에 스승님과 지금 앉아 있습니다.

그 거지였을 때 저는 고통을 너무 많이 받았습니다. 너무 배고팠습니다. 저는 음식 봉지를 찾기 위해 기꺼이 개를 쫓아가 개와 싸우려 했습니다. 저는 그 마을에서 여러 해를 보냈습니다. 그 개를 쫓다가 마침내 깨어났을 때 제 나이가 일흔인 것 같았습니다. 저의 질문은 '어느 것이 진짜입니까?' 거지였을 때 모든 것은 진정 진실이었습니다. 제 괴로움은 진짜였고 제 구걸하는 것도 진짜였습니다. 개를 추적하는 것은 저의 현실이었습니다. 그 왕에게 음식을 구걸하는 것도 저의 현실이었습니다. 저는 거지사회를 경험했고 그것 또한 저의 현실이었습니다. 저는 지금 왕이고 거지들에게 먹을 것을 줄 차례입니다. 꿈을 꾸었던 장소인 이 자리에 앉아서 저는 70년 동안 거지로 있었습니다. 지금 저는 왕으로서 여기에 앉아 있습니다. 어느 것이 꿈이고 어느 것이 진짜입니까?"

구루는 왕에게 말했습니다. "둘 다 진짜입니다. 거지인 동안, 당신은 거지였습니다. 당신은 더 이상 왕이 아니었습니다. 당신은 어떤 왕국도 가지고 있지 않았습니다. 그 후 당신은 지금 상태로 왔고 그 상태를 받아들이지 않았습니다. 이제 당신은 '나는 그 꿈을 떠남으로써 현실로 돌아왔다.'라고 생각합니다. 그러나 당신이 지금 처해 있는 이 상태도 정말 현실처럼 보이지만 역시 하나의 꿈입니다. 그것이 지속되는 동안에는 현실처럼 여겨지겠지만, 어느 날 당신은 이 꿈에서도 깨어날 것입니다."

왕은 잠깐 졸았지만, 70년 동안 거지로서 고통을 받다가 깨어났습니다. 그 삶의 전부는 순식간에 발생했습니다. 당신이 깨어나 참나를 보면, 당신은 생을 거듭하면서 새로운 몸을 받을 때마다 끊임없이 고통 받으며 보냈던 3천5백만 년에 걸친 모든 전생들이 한 순간에 일어난 꿈에 불과하다는 것을 알게 될 것입니다. 당신이 참나에 눈을 뜨면, "그것은 모두 꿈이었구나. 과거의 모든 전생들이 한낱 꿈이었구나."를 알게 될 것입니다.

현명한 사람은 이것을 압니다. 그러나 무지한 마음은 그렇지 않습니다. 그러나 만약 무지가 사라진다면, 지혜는 거기에 있을 것입니다. 지혜는 이러한 모든 무지를 제거합니다. 구걸하던 상태는 사라질 것이고, 마치 그것이 결코 존재하지 않았던 것처럼 될 것입니다. 이것은 모든 사람의 궁극적 운명입니다. 조만간 모든 사람은 깨어날 것입니다. 이것은 인간으로서 당신의 타고난 권리입니다. 당신은 깨어나서 자유로워지겠다고 결심할 수 있도록 이 몸을 부여 받았습니다. 그러나 당신은 그 결정을 내리지 않고 있습니다. 이 선택을 하고 있지 않습니다. 당신은 배고픈 거지라고 생각하면서 여전히 꿈속에서 개를 쫓고 있습니다. 자신의 왕국을 보지 못하고 그 왕좌에 앉아 있지 않습니다.

이 몸은 신전입니다. 그리고 신은 당신의 안에 앉아 있습니다. 그러나 당신은 항상 밖으로 향하기 때문에 신을 볼 수 없습니다. 내부의 신을 깨닫지 못하기 때문에 다른 외부의 것들을 뒤쫓습니다. 당신에게 주어진 이 인간의 몸, 즉 이 신전은 매우 희귀한 탄생입니다. 그것을 거부하고, 또 그것이 제공하는 기회를 거부한다면, 그것은 엄청난 손실이 될 것입니다. 당신은 이러한 환경이 언제 다시 찾아올지 모릅니다. 아무도 알지 못합니다. 해방에 대한 이러한 욕망이 과연 다시 당신에게 올지 안 올지도 모릅니다.

그 모든 것이 어떤 미래의 생에서 완결될 것이라고 생각하면서 여행을 연기하지 마십시오. 이렇게 유리한 환경을 다시 얻게 될 것이라는 보장도 없습니다. 여기에서 지금 당신은 인간의 몸으로 자유에 대한 욕망을 가지고 삿상에 참여하고 있습니다. 자유에 대한 이 욕망을 최대한 활용하세요. 당신의 여행을 갑자기 끝내세요. 시간이 걸리지 않습니다. 저는 당신처럼 그것을 연기하지 않습니다. 저는 여행을 멀리 해야 한다거나 명상을 오래 해야 한다고 말하지 않습니다. 히말라야에 있는 아쉬람에 들어가라고 말하지도 않습니다. 저는 당신을 그 어떤 곳으로도 보내지 않습니다. 또한 정해진 삶을 바꾸라고 요구하지도 않습니다. 옷을 갈아입고 머리를 깎으라고도 하지 않습니다. 잘 지내면서 하던 일을 계속 하십시오. 자유를 발견하기 위해 도망칠 필요는 없다는 것을 세상 사람들에게 보여 주세요.

저는 사람들에게 그들의 직업이 무엇이든 집을 버리고 나가라든가,

그들의 상황을 포기하라고 종용하지 않습니다. 사업가는 더 좋은 사업가가 될 수 있고, 군인은 더 좋은 군인이 될 수 있습니다. 저는 현실 도피가 좋다고 보지 않습니다. 사람들이 처해 있는 삶의 현장을 떠날 때는 일반적으로 어떠한 좋은 결과도 없습니다. 그들을 망치게 됩니다. 예전의 생활을 즐기지 못한다는 이유로 도망치는 사람들은 새로운 생활도 역시 즐기지 못할 것입니다. 당신이 하고 있는 일에 머무르세요. 제가 말하고 있는 것은 시간이 많이 걸리거나 장소의 변화가 필요 없기 때문입니다. 자유를 위해 수도원은 필요하지 않습니다. 자유는 어떤 것도 요구하지 않습니다. 그것을 준비하기 위해서 충족해야 할 어떤 육체적 전제조건도 없습니다. 그것은 언제든, 어디에서든 얻을 수 있습니다. 당신은 그저 그것을 갈망해야 합니다.

"나는 이것을 원한다."고 결단을 내리세요. 그것이 전부입니다. 당신이 정말로 이것을 원하고, 자유에 대한 욕망이 다른 어떤 욕망에 의해 더럽혀지거나 약해지지 않는다면, 당신은 성공할 것입니다. 이렇게 강한 결단을 내리고 그 결단을 고수해 가는 사람이면 누구든지 거기에 도달할 것입니다. 그러나 이 강한 결심은 꼭 필요합니다.

19

마음은 자각을 찾지만,
자각하는 마음은 아무것도 찾지 않습니다

『나는 그것이다I am That』의 서문에서 니사르가닷따 마하라지는 그의 구루로부터 가르침을 받았다고 합니다. 그 후 곧 구루는 세상을 떠났습니다. 그가 정말로 그 가르침대로 살 수 있기까지는 3년이 더 걸렸다고 그는 말합니다.

가르침이 성숙하기까지는 시간이 걸릴 수도 있습니다. 성숙은 반드시 필요합니다. 어떤 사람들에게는 이해가 즉시 올 수 있지만, 어떤 사람들에게는 처음 진리를 들을 때 거기에 완전히 동의하지 않아 내적 갈등을 겪기도 합니다. 마음의 오래된 습관들은 잠시 동안 그들의 주장을 거듭 내세울 수도 있습니다. 최종적인 해결, 즉 최종적인 동의가 일어날 때까지는 시간이 걸릴 수 있습니다. 몇 번의 생애가 걸릴 수도 있습니다. 심지어 그 지식을 받아들인 이후에도 몇 번 더 태어나야 할지도 모릅니다. 일부 오래된 애착들은 한동안 남아 있을 수 있습니다. 그러나 어떤 경우에는 전혀 시간이 걸리지 않습니다. 그 모든 것은 가르침을 어떻게 받아들이느냐에 달려 있고, 더욱이 그 후에 자신의 전 생애 동안 그것을 실천해야 합니다. 그렇게 완전히 준수하자면 오랜 시간이 걸릴 수 있습니다. 그 다음에야 당신은 그것에 머물 수 있습니다. 만약 그렇지 않으면 오래된 습관들은 계속에서 당신을 뒤로 끌어당길 것입니다.

대부분의 경우 사람들은 완벽한 상태에 도달하지 못합니다. 그들은 남의 이야기를 듣고 거기에 대한 정보를 입수합니다. 그러나 이런 종류의 정보는 간접적인 지식입니다. 그래서 그것을 지키고, 그것을 거듭 숙고함으로써 그 안에 머물러야 합니다. 얼마나 성공하느냐는 당신에게 달려 있습니다.

당신은 우리 모두에게 생각이 없어야 한다고 말하며, 한 생각도 일으키지 말라고 합니다. 저는 선종의 제3대조이신 승찬 대선사의 다음과 같은 훌륭한 게송이 생각납니다. "말하는 것과 생각하는 것을 멈추어라. 그러면 네가 알 수 없는 것은 아무것도 없느니라."

그렇습니다. 말하지 말고 생각하지 마십시오. 그것이 참된 지식으로 나아가는 길입니다.

저는 다양한 띠베뜨의 수행들에 대해 지금까지 책을 읽었습니다. 그래서 데바와 신의 세계에 대한 많은 묘사들을 발견하였습니다. 우리가 이러한 세계로 가서 그 세계를 직접 경험할 수 있는 수행법들이 있습니다. 이러한 띠베뜨의 위계 체계에는 다양한 수준의 신들과 영들이 있습니다. 저는 언젠가 스승님께 서로 다른 이 모든 세계들에 대해 말씀을 드린 적이 있고, 스승님께서는 그것들이 정말로 존재하며, 원한다면 그곳들을 방문할 수도 있다고 하셨습니다. 그러면서 동시에 그것들이 모두 마음의 투사이며 자유와는 아무 관계가 없다고 말씀하셨습니다.

만약 당신이 생각을 한다면, 현상계의 모든 과정은 그곳에 있습니다. 마음은 어떤 것도, 심지어 신들과 영들의 세계도 만들 수 있습니다. 표면상으로 불가능해 보이는 많은 것들도 마음이 만들어 낼 수 있습니다.

저는 언젠가 보드가야에 간 적이 있는데, 그때 어떤 스승께서 "마음을 비워라. 반드시 마음을 비워야 한다."라고 말씀하시는 것을 들었습니다. 그는 그 말을 계속해서 말했습니다. 그곳에는 자기 마음을 비웠다고 계속 말하던 괴상한 스님이 한 명 있었습니다. 저는 이 스승에게 그 스님의 말이 정말 진짜인지를 물어보았습니다. 왜냐하면 그 스님은 매우 이상하고 불합리하게 행동을 하고 있었기 때문입니다.

스승은 이렇게 말했습니다. "이 사람은 마음이 텅 빈 채로 태어났다. 이 말은 그가 태어나면서부터 어리석다는 뜻이다. 마음속에 있는 것을 내버리고 마음을 텅 비우는 식별이 있을 때, 이것이 지혜이고 깨달음이다. 이것이 그 차이다. 너는 반드시 마음속에 있는 것을 버리려는 식별력 있는 지혜를 가져야 한다."

마음이 태어날 때부터 비어 있다면, 어떻게 그것을 마음이라고 부를 수 있겠습니까? 마음은 그 안에 오직 생각이 있을 때만 마음입니다. 무념no thought은 또 다른 것입니다. 무념에는 텅 빈 마음이라는 생각조차 없습니다. 여전히 생각이 마음속에 존재하는 한, '텅 빈 마음'이라는 말은 또 하나의 생각, 또 하나의 개념에 지나지 않습니다.

만약 제가 당신에게 명상하는 동안 고양이를 생각하지 말고 명상을 하라고 한다면, 어떤 일이 일어나겠습니까? 당신은 고양이를 생각하면서 자연스럽게 앉아 있을 것입니다. 왜냐하면 제가 당신의 마음에 이런 암시를 주었기 때문입니다. 만약 제가 "마음의 모든 생각을 비워라."고 말한다면, 당신은 명상하는 동안 속으로 마음을 비워야 한다는 이 생각을 할 것입니다. 그것 역시 당신의 생각들 가운데 하나가 될 것이고, 당신의 개념들 가운데 하나가 될 것입니다. 마음의 상태에 대해서는, 특히 당신이 도달해야 한다고 생각하는 마음의 상태에 대해서는 말하지 않는 편이 더 낫습니다. 왜냐하면 이런 상태에 대한 생각들은 결국 마음속에 생각들만 추가하기 때문입니다.

마음에 대해 전혀 말하지 않는 것이 좋습니다. 마음을 건드리거나, 마음에 대한 생각을 하지 마십시오. 그렇게 할 경우 그 생각들이 당신을 물기 때문입니다. 마음을 이용할 필요가 있을 때, 마음을 이용하십시오. 불필요하게 마음을 들고 돌아다니지 마십시오. 필요 없을 때는 호주머니에 넣고 다니지 마십시오. 마음을 사용하지 않을 때는 그냥 내버려두세요.

(새 질문자) 오늘 아침 저는 아무것도 자각을 가지고 있지 않다는 매우 강한 느낌이 들었습니다. 제 마음속의 무언가가 '나'는 자각을 가지고 있다거나 혹은 '나'는 과거의 어느 시점에서 자각을 가졌다는 이러한 생각에 집착되어 있는 것을 알아챘습니다. 그러나 이 생각을 들여다보면서, 그것이 사실이 아니라는 것을 알았습니다. 저의 팔은 자각을 가지지 않고, 다리도 자각을 가지지 않고, 신경, 근육도 자각을 가지고 있지 않습니다. 심지어 뇌나 뇌의 생각들조차 자각을 가지지 않습니

다. 저는 어떤 것도 자각을 '가질' 수 없다는 결론에 이르렀습니다. 자각은 그냥 존재할 뿐입니다.

마음은 자각을 찾지만, 자각하는 마음은 어떤 것도 찾지 않습니다. 이 가르침은 여전히 설명되지 않고 있습니다. 어쨌든 이것이 제 생각입니다. 그것은 만질 수도 없고, 말할 수도 없으며, 아무도 손대지 않고, 아무도 도달하지 못했으며, 아무도 그것에 대해 가르치지 못했습니다. 지금까지 누구도 이 가르침에 가볍게라도 닿지 않고 있습니다. 이것이 제 결론입니다. 어떤 사람이든 여기저기서 조약돌을 하나 집어 들고 산꼭대기로 가서 "나는 다이아몬드를 찾았다."라고 외칠 수 있습니다. 그러나 참된 가르침은 여전히 표현될 수 없고 설명될 수 없습니다.

사람들이 다이아몬드를 설명하기 위해 사용하는 말들이 실제로는 조약돌을 설명하는 말이란 뜻입니까?

무슨 의미입니까?

다이아몬드를 발견한 사람은 그것을 바르게 설명할 어휘가 없다는 말입니다. 오직 조약돌을 설명할 말만 있다는 뜻입니다.

그렇습니다. 당신이 말할 때, 당신의 말은 오직 조약돌에 관한 말입니다. 다이아몬드는 어떤 설명도 필요 없습니다. 사실, 그것은 설명될 수가 없습니다. 다이아몬드는 그 자체의 빛으로 단순히 빛날 뿐입니다. 다이아몬드는 그 자체의 광택, 그 자체의 광휘를 가지고 있습니다. 다이아몬드는 사람의 설명이 전혀 필요하지 않습니다. 그냥 다이아몬드입니다. 중재하는 어떠한 매개체도 없는, 말하자면, 스승도, 경전도, 마음도, 수행도 개입되지 않는 다이아몬드에 대한 직접적인 깨달음이 곧 직접적인 참된 지식입니다. 자유에 대해서도 이처럼 진실하고 실재적인 것에 대한 중재되지 않고 설명할 수 없는 깨달음이 필요합니다. 가르침, 수행 등과 같은 기타 모든 것은 단지 그것에 대한 간접적인 정보를 주는 지도에 불과합니다. 지도는 실재가 아닙니다. 그것은 단지 한 장의 종이 위에 그려진 그림이나 설명에 불과합니다. 당신은 많은 지도나, 당신에게 설명을 해주는 많은 정보를 얻을 수 있습니다. 그럼에도 불구하고 그것들 모두가 관계하고 있는 것에 대한 지식은 하나도 얻을 수 없습니다.

이 지식은 당신과 멀리 떨어져 있지 않습니다. 그러므로 그것을 발견하기 위해 정말로 지도가 필요한 것은 아닙니다. 당신이 무엇을 말하든지, 그 대상이나 그 사물은 당신과 분리된 어떤 것입니다. 심지어 '참나'라는 단어도 단지 당신이 말하는 하나의 생각일 뿐입니다. 그것은 진짜가 아닙니다. 당신은 자신과 어느 정도 떨어져 있는 것에 대해서만 말할 수 있습니다. 그것이 당신과 너무 가까이 있다면, 당신은 그것을 볼 수도 말할 수도 없습니다. 제가 지적하는 것은 당신 자신의 숨결보다도 더 가까이 있으며, 당신이 눈으로 보는 망막 뒤에 있습니다. 그것은 모든 생각의 시작보다 앞에 있습니다. 만약 당신이 볼 수 있다면 보십시오. 당신에겐 자유에 대한 갈망이 있지만, 제가 말하는 건 그 갈망보다 더 앞에 있습니다. 어떤 가르침이 그곳에 도달할 수 있겠습니까? 자유에 대한 갈망이 일어난 후에 자유에 대한 가르침만이 그곳에 있을 것입니다.

저는 당신께서 최근에 말씀해 주신 성숙의 과정과, 또 일부 사람들이 좋은 경험을 한 뒤에 겪는 것처럼 보이는 추락에 대해 묻고 싶습니다. 제가 영국으로 돌아가서, "나는 자유롭다. 이러한 문제들은 나에게 영향을 줄 수 없다."라는 입장을 취해도 많은 문제들이 발생하는 것을 알았습니다.

그러한 자세는 저에게 큰 도움이 되지도, 어떤 문제도 해결해 주지도 못한 것 같습니다. 결국엔 저는 다시 세상으로 돌아가야 하고, 일에 파묻혀야 하며, "나는 반드시 이 문제를 해결해야 한다."는 생각을 가지고 전통적인 방식으로 그것들을 처리해야 한다고 느끼게 되었습니다. "이 어떤 것도 나에게 영향을 줄 수 없다."라는 생각을 하면서 제 주위에 안전지대를 펼치려고 노력하였으나 제대로 되지 않은 것 같았습니다. 저는 세상의 일상적인 문제들로부터 숨어 버림으로써 '무자유'의 상태를 드러내기로 결심했습니다. 일들을 해결하기 위해서는 초연한 상태로부터 벗어나야 한다고 생각되었습니다. 결국 문제들이 생겼을 때 평소 방식으로 그것들에 주의를 기울이지 않으면 안 된다는 결론에 도달했습니다. 저는 진정한 자유는 그런 문제들을 부정하지 않는 것이라고 판단하였습니다.

때가 되면, 당신은 행동해야만 합니다. 만약 당신이 전쟁터에 있다면 총을 들어 쏘는 것이 당신의 일입니다. 장미 화환을 들어 올리는 것은 아무 도움이 되지 않을 것입니다. 싸우는 것이 당신이 따라야 할 다르마(법)라면, 당신은 도망가거나 숨지 않고 싸워야 합니다. 그러나 당신이 지켜야 할 다르마가 무엇이든 뿌리, 즉 근원을 잊어서는 안 됩니다. 명상을 하든지, 기도를 하든지, 싸움을 하든지, 근원은 똑같습니다. 항상 그 근원을 자각해야만 하며 그것으로부터 지시를 받아야 합니다. 이것은 당신이 해야 할 일을 하도록 해줄 것입니다. 그러나 만약 당신이 행동을 하도록 하는 이 근원을 안다면 아무 문제도 없을 것입니다. 항상 지시가 있다는 것을 아십시오. 지시자가 당신에게 지시를 내리고 있습니다. 만약 당신이 간섭하지 않고 모든 지시된 행동이 일어나도록 허락한다면, 어떤 것에도 후회하지 않을 것입니다. 당신은 보다 고차원적인 이 힘이 시키고 있는 일을 단순히 행하고 있다는 것을 알게 될 것입니다. 일어날 일이 일어나는 것입니다. 행동을 하겠다거나 안 하겠다는 어느 하나를 결정함으로써 그것을 바꿀 수는 없습니다. 이런 선택은 당신이 할 수 없습니다.

(새 질문자) 조금 전에 스승님께서 말씀하시길 자유는 자유를 갈망하는 것보다 앞선다고 하였습니다.

그렇습니다.

스승님께서 그 말씀을 하셨을 때 무엇인가가 저를 한 대 치는 것 같았습니다. "자유 그 자체와 자유를 갈망하는 것을 어떻게 구분할 수 있는가?" 하는 생각이 떠올랐습니다.

맞습니다. 제가 자유 그 자체는 자유를 갈망하는 것보다 앞선다고 말했습니다. 만약 자유를 갈망하게 된다면, 그것은 더 이상 당신이 자유롭지 않다는 것을, 이전에 존재했던 그 상태를 떠나서 다시 그곳으로 돌아가고 싶어 한다는 것을 의미합니다. 만약 자유에 대한 그러한 갈망이 일어나면, 그 갈망이 어디서 왔는지, 어디서 시작되었는지를 알아내는 데 평생을 바치십시오. 만약 결국 그 장소에, 그 자유에 도달한다면, 당신은 즉시 이 자유는 이미 알고 있던 것이라는 점을 이해할 것입니다. 다시 말해 그것은 당신이 항상 가지고 있던 것입니다. 당신은 자유에 대한 이런 갈망이 이미 있던 것을 당신이 무시했거나 알지 못했던 상태라는 것을 깨닫게 될 것입니다.

자유를 찾게 되면, 그것은 당신 자신의 참나의 본성으로 자연스럽고도 자발적으로 돌아간 것입니다. 자유에 도달하면, 당신은 즉시 "난 이미 이것을 알고 있었다. 이것은 항상 여기에 있었지만 내가 그것에 주의를 기울이지 못했다."라는 것을 알고 이해할 것입니다.

저는 최근에 어릴 적에 저에게 일어난 사건, 즉 제가 망고 슬러시를 받아들고 난 뒤에 전신을 마비시키는 아름답고 행복한 상태에 빠져 그것을 마실 수 없었던 사건에 대한 이야기를 해주었습니다. 그것은 자유에 대한 어떤 지식이나 갈망도 있기 오래 전에 생긴 일이었습니다. 제가 정상적인 의식 상태로 돌아왔을 때, 그 상태로 다시 돌아가 그것을 경험하고 이해하고 싶은 어쩔 수 없는 충동이 있었습니다. 전 그 당시에 그것을 자유에 대한 갈망이라고 부르지 않았습니다. 저에게는 그런 개념이 없었기 때문입니다. 단지 그 상태로 돌아가고 싶은 굉장한 충동이 있었을 뿐입니다.

"이 행복감은 무엇인가? 무척 아름답고 사랑스러운 이러한 것은 무엇인가? 나는 지금까지 그와 대등한 어떠한 것도 보지 못했다."

이러한 탐색은 저를 사로잡았고, 이러한 아름다운 상태로 거듭 뛰어들도록 강요했습니다. 비록 다시 그 상태를 경험해보았지만 저는 그것을 '이해'하지 못했습니다. 그것을 결코 설명할 수 없었고, 그것에 대해 결코 말할 수 없었습니다. 이 때문에 저는 이따금 그것은 '만질 수 없다'라든가, '설명할 수 없다'라고 말하는 것입니다. 하지만 그것을 설명하고 그것에 대해 말하고자 하는 충동은 여전히 있어서, 그 때문에 저는 그것을 설명하려고 애쓰는 다른 사람들의 이야기를 듣기를 좋아합니다.

저는 사람들에게 "자 어서, 저에게 그것을 설명해 보십시오! 저에게 약간의 힌트를 주십시오. 당신의 이야기를 듣고 싶습니다. 가까이 와서 들려주세요."라고 말합니다.

여태까지 아무도 그것을 설명하지 못했습니다. 그러나 저는 여전히 사람들이 설명하려고 하는 말을 듣기 좋아합니다.

때때로 우리는 그것을 경험하고도 스승님이 그것에 대해 말씀해 주시기까지는 그것이 자유인지를 모릅니다. 스승님께서도 그런 경험이 있습니까? 라마나 마하리쉬 같은 누군가가 이런 경험을 확인시켜 주었습니까? 스승님도 그런 확인이 필요했습니까?

말로는 아니었지만, 확인은 있었습니다. 그의 면전에서 저는 제가 어렸을 적에 자연스럽게 찾아왔던 것과 똑같은 행복하고 아름다운 상태로 빠져들었습니다. 저는 그것이 똑같은 상태란 것을 알았고, 그것이 저 자신의 참나라는 것을 알았습니다. 그것은 새로운 일이 일어난 것이 아니었습니다. 어쨌든 제가 이미 알고 있던 진리에 대한 확인과 인식이었습니다. 그러나 여전히 그것은 절대 설명할 수 없으며, 절대 정의를 내릴 수 없습니다.

여러 사람들은 그것에 대해 각자 다른 방식으로 말합니다. 붓다는 그것을 텅 빔, 즉 '공'이라고 불렀습니다. 그것 역시 진실한 설명이 아닙니다. 그것은 실제로 설명될 수 없다는 것을 나타내는 또 하나의 방법에 불과합니다. 라마나는 그것을 '아루나짤라'나 '움직이지 않는 빛의 산'이라고 불렀습니다. 그것이 바로 아루나짤라의 뜻입니다. '아짤라'는 '부동'과 '산' 둘 다를 뜻하고, '아루나'는 '빛'을 뜻합니다. 이것은 절대 움직이지 않는 지혜입니다. 이것이 그의 묘사이고 설명입니다. 그러나 그것도 여전히 제대로 설명하거나 묘사할 수 없는 어떤 것을 가리키는 손가락에 불과합니다. 제가 단어를 생각해 내려면 '행복'과 '아름다움'이란 단어를 사용합니다만, 이 단어들도 완전하게 정의할 수 없는 것을 단지 암시해 주는 말에 불과한 것입니다.

20

구루는 다름 아닌 당신 자신의 참나입니다

구루의 역할은 무엇입니까?

어떤 사람이 구루에게 가서 말합니다. "저는 고통 받고 있습니다. 저는 계속해서 여러 종의 자궁 속으로 들어가는 데 지쳤습니다. 저는 불타고 있습니다. 제발 저를 도와주십시오. 이 불로부터 저를 구해 주십시오."

구루는 이런 고통으로부터 당신을 자유롭게 해주는 사람입니다. 그것이 구루의 역할입니다. 사전적 구루의 의미는 '어둠을 쫓아내는 자'입니다. 구루는 속박되어 있다면서 그를 찾아오는 사람의 마음속에서 어둠을 쫓아내는 사람입니다. 그들의 고통, 그들의 의심을 없애고 그들이 자유롭다는 것을 확신하도록 도와주는 이가 구루이며, 이것이 구루의 역할입니다.

(새 질문자) 구루의 역할은 실제로 외부적인 차원에서 일어나는 것이 아닙니까? 외부의 구루는 우리 내부에 있는 것을 일깨워 주기 위해 단지 존재합니다. 그렇지 않습니까?

구루는 참나에 대해 말합니다. 구루는 당신이 입고 있는 옷이 아니라 참나에 대해 말합니다. 그는 몸, 감각들, 또는 마음에 대해 이야기하지 않습니다. 구루의 역할은 이미 자유로운 내면의 참나에 대하여 이야기하는 것입니다. 사람들은 이 참나를 모릅니다.

저는 우리가 자신 밖에 있는 구루를 꿈꾸고 있다는 느낌이 듭니다.

그렇습니다. 당신이 꿈꾸는 외부의 구루는 당신 안에 구루가 있다고 말해 줍니다. 그 밖에 무엇을 더 말하겠습니까? 만약 당신이 밖에 있는 구루를 본다면, 그 말은 당신이 꾸고 있는 꿈속에 그의 형상을 투사했다는 뜻입니다. 그 꿈속의 구루의 형상은 당신에게 구루가 실제로는 당신 자신의 참나로서 당신의 내부에 있다고 말해 줄 것입니다.

놀랍습니다!

구루는 다름 아닌 당신 자신의 참나입니다. 바로 당신 자신의 참나입니다. 당신의 참나는 당신의 구루이고, 진정한 구루는 항상 당신을 다른 곳이 아닌 당신 자신의 참나에게로 데려갑니다. 바깥으로 나가려는 마음의 경향성들을 붙잡아 도로 당신 안에 넣습니다.

바깥에 있는 외부의 것들에 투사하지 마십시오. 이런 모든 경향성들을, 그것들이 어디를 가든, 근원인 참나에게로 돌려보내십시오. 그것들 모두가 참나로 돌아왔을 때, 당신은 참나를 알게 될 것입니다. 외향적인 경향성들이 당신을 채우고 있어서 당신은 참나를 볼 시간이 없습니다. 이러한 마음이 바깥으로 가지 않을 때, 즉 마음이 어떤 대상이나 생각이나 욕구에 몰두하지 않을 때, 바깥으로 나가는 경향성들은 멈출 것이고 당신은 참나로 빛날 것입니다. 그 상태에서는 다른 무엇이 빛나겠습니까? 당신은 늘 그것입니다.

(새 질문자) 여기서 모든 질문은 같은 답을 가지고 있는 것 같습니다.

숲에서 길을 잃었을 때 당신은 많은 질문을 해야 합니다. 그와 같은 상황에서 당신은 안내자와 지도가 필요합니다.

밤이 됩니다. 숲에서 어떻게 나올 것입니까? 집에 어떻게 돌아갈 것입니까? 만약 이미 당신이 집에 있다면 안내자나 지도가 필요하지 않을 것입니다. 그 상황이면 당신에겐 전혀 문제가 없습니다.

하지만 지금 당신은 어떻게 해야 할지를 궁리하며 숲 속에 있습니다. 진짜 숲 속이라면 가장 먼저 해야 할 일은 당신이 있는 곳을 알아내는 것입니다. 당신이 어디에 있는지 모르면 올바른 방향으로 움직일 수 없기 때문입니다. 모든 사람이 길을 잃고 있는 마음의 숲 속에서 가장 중요한 문제는 '어디'가 아니라 '누구'입니다. 당신은 누구입니까? 그리고 그보다 전에 나는 어디서 왔는가? 당신이 이 특정한 숲을 빠져 나오고 싶다면 이런 것들이 해결해야 할 문제들입니다. 혼자서 이 문제를 해결할 수 없다면, 해결을 도와줄 수 있는 누군가를 찾으십시오.

이 같은 질문에 약간의 시간을 투자함으로써 당신 자신의 참나를 찾도록 노력하십시오. 당신은 이전까지 이 질문을 던져 본 적이 없습니다. 지금까지 "이것은 무엇인가?" 혹은 "저것은 무엇인가?"와 같은 질문들을 던지면서 살아왔지, "나는 누구인가?"란 질문을 스스로에게 던진 적은 한 번도 없습니다. 아무도 이 중요한 의문에 대해 한평생 중에서 단 5분도 투자하지 않습니다. 5분이면 아주 충분합니다. 언제 어디서든 이 질문을 던질 수 있습니다. 이 질문을 던지기 위해 좋은 환경은 전혀 필요 없습니다. 성지도 필요 없고, 성스러운 강이나 특정한 장소나 특별한 환경이 필요 없습니다. 어디에 있든 그냥 질문을 던지십시오.

이것에 대해 아무도 심각하게 생각하지 않습니다. 이것은 지금 풀어야 할 문제입니다. 나중으로 미룰 일이 아닙니다.

모든 사람은 행복, 사랑, 아름다움을 찾는 것으로 이 문제를 간접적으로 해결하려고 시도합니다. 행복에 대한 열망은 사실은 자신의 참나의 행복에 대한 열망입니다. 그러나 사람들은 이것을 알거나 이해하지 못합니다. 그래서 잘못된 장소에서 그것을 찾고 있습니다.

"아니지. 이것은 내가 원하던 것이 아니야. 다른 어떤 것을 해봐야겠어." 이것은 평생 계속될 것입니다. 진정한 행복을 찾을 수 있는 진정한 장소를 모르기 때문에 잇따라 이것저것 선택해 보고 또 물리칩니다.

"어디서 찾아야 하는가? 그것을 어디서 찾을 수 있을까?" 행복을 찾을 수 있는 올바른 장소는 알려져 있지 않습니다. 그래서 모든 사람은 계속해서 잘못된 장소에서 찾습니다. 이것은 실제로 안경을 끼고 있으면서 안경을 찾는 것과 같습니다. 우리는 우리가 찾고 있는 대상이 되고 있는 그 참나가 그 찾는 행위의 주체가 되고 있는 참나와 동일하다는 것을 잊고 있거나 모르고 있습니다. 우리로 하여금 이와 같은 헛된 외부 탐색을 할 수 있도록 해주는 똑같은 힘, 똑같은 의식, 똑같은 자각이 실제로 우리 탐색의 목표입니다.

아무도 "의식을 찾고 있는 이 의식은 무엇일까?"라고 묻지 않습니다.

모든 것에 대해 이런 의식이 필요합니다. 모든 것에 대해 이러한 자각이 필요합니다. 당신이 필요로 하는 이 자각은 무엇입니까? 아무도 이것에 주의를 기울이거나 그 정체와 출처를 알아내려고 하지 않습니다.

21

즐김에 연연해하는 것은 즐김을 되풀이하여
즐기려는 욕망을 만들어 냅니다

대상들이 있을 때, 의식이 자리를 차지합니다. 그 의식은 분리되어 분해됩니다. 그 의식은 지각된 대상들에 사로잡혀 의식의 근원에 대한 자각을 잃습니다. 그 분리된 상태에서, 그것은 의식으로서 자신을 자각하지 못하고, 대상과 결합함으로써 방해받고 있다는 것을 자각하지 못합니다.

의식하지 않고서는 대상을 볼 수 없습니다. 대상을 볼 수 있는 것은 오로지 의식을 통해서입니다. 당신은 대상을 보는 것을 의식하지만, 보는 과정이 계속되면 그 대상에 매료되어 그것에 집착하게 됩니다. 그때 이 대상들은 감각들의 즐거움으로 알려져 있습니다. 왜냐하면 의식에 기록되는 이 대상들은 바로 감각을 통해서이기 때문입니다. 마음은 그 대상의 즐거움에 집착하게 되어 의식, 즉 텅 비어 있는 자신의 근원을 잊습니다. 아무런 대상이 없을 때, 마음은 공간으로 되돌아갑니다. 아무런 대상이 없을 때, 본래의 성품이 있는 그대로 있게 됩니다. 이 자연스러운 본래의 상태를 방해하는 것은 대상들에 대한 우리의 집착입니다. 이런 일이 일어날 때, 이 하나의 동일한 의식이 분할되어 나누어지고 한정되게 됩니다. 이 분해된 상태에서 우리는 우리가 알지 못한다고 느낍니다. 의식은 더 이상 하나의 전체로서 경험되고 있지 않습니다.

무한으로 계속되는 이 과정은 '현현'이라고 불립니다. 그러나 일단 이 대상들이 의식 안에 있고, 의식과 분리된 것이 아니라는 것을 안다면, 그것들에 의하여 괴롭힘을 당하지는 않습니다. 의식은 그 안에 대상들이 나타남에 의해 영향을 받지 않습니다. 의식이 대상들을 붙들고 있든 대상들을 붙들고 있지 않든지 간에 그것은 의식에게는 모두 같은 것입니다. 당신이 대상들 대신에 의식과 동일시한다면, 거기에는 아무런 고통이 없을 것입니다. 이 비결을 알아야만 합니다.

그 대상들이 단지 의식 속에 나타난 겉모양들에 지나지 않는다는 것을 안다면, 당신은 그 대상들을 붙들지 않고 그것들과 함께 놀 수 있습니다. 그러나 이 일은 대부분의 경우에 일어나지 않고 있습니다. 대부분의 시간에 즐기려는 욕망이 있고, 뒤이어 즐김 그 자체가 있으며, 그 다음에는 그것에 대한 기억이 뒤따릅니다. 즐김 그 자체에서가 아니라, 즐김을 기억하는 것에서 불행이 생깁니다. 즐김과의 접촉은 끝났지만, 기억은 여전히 남아 있습니다. 그 남은 기억 때문에 같은 대상에 대한 즐김의 욕망이 다시 자리 잡게 됩니다. 그래서 그것은 무한으로 계속됩니다.

즐김에 연연해하는 것은 즐김을 되풀이하여 즐기려는 욕망을 만들어 냅니다. 이것이 당신을 괴롭히는 것입니다. 이것이 당신에게 고통을 일으키는 원인입니다. 즐김이 없을 때, 그 즐김으로 다시 돌아가려는 이루지 못한 욕망을 당신이 여전히 가지고 있기 때문에 고통이 있습니다. 대상들이 오게 내버려두십시오. 그것들을 즐기고는 내려놓으세요. 일단 그것들을 즐겼다면 마음에서 그것들을 내려놓으세요. 그것들은 더 이상 필요하지 않습니다.

당신이 식당에 가면, 식사를 하고 난 뒤에는 식당 밖으로 나옵니다. 당신은 배고픔과 음식에 대한 욕구를 만족시켰습니다. 그러니 나중에 그 음식과 음식의 즐거움에 대해 생각할 필요가 있겠습니까? 마음속으로 그 즐거움을 다시 찾는다면 같은 대상에 대해 더 많은 것을 원하는 욕망이 자리 잡습니다. 기억은 마음속에 발자국을 남기기 때문에 성가신 것입니다. 당신이 즐김에 연연해할 때, 그 연연해하는 것이 기억 속에 발자국을 남깁니다. 이러한 일이 일어나서는 안 됩니다. 그것은 마음속에서 단지 욕망과 고통만 만들 뿐입니다.

당신이 간절히 원하는 이 모든 대상은 어디에서 왔습니까? 그것들은 의식 내에 있으며, 당신 자신의 투사입니다. 바다에서 파도와 소용

돌이는 단지 그 바다의 모습들일 뿐입니다. 여러 가지 이름, 여러 가지 형태를 가질 수 있지만 그것들은 여전히 바다입니다. 바다는 이러한 모습들 가운데 어느 것과도 논쟁하지 않고, 그것들을 소유하거나 소비하려는 욕망도 없습니다. 그것들이 나타나도록 내버려두십시오. 그것들이 머무르거나 사라지도록 내버려두십시오. 그것들이 바다에 어떤 차이를 내겠습니까?

일단 모든 대상이 자신의 의식 내에 있고, 전부 자기 자신이며, 모두 자기 자신의 투사라는 것을 안다면, 문제가 없을 것입니다. 그러한 태도, 그러한 관점으로 당신은 앞으로 나아가 즐길 수 있습니다. 그러나 그 즐거움에 대해 그 후에는 생각하지 마십시오. 그것은 단지 기억 속에 발자국만 남길 것입니다.

일단 기억 속에 발자국들이 남게 되면, 당신의 활동들은 욕망과 두려움으로 동기가 부여될 것입니다. 이러한 발자국들은 과거 경험에 기초하여 당신의 활동들을 고를 것입니다. 과거에 대한 생각들이나 과거의 경험들을 통해서, 당신은 앞으로의 행동들을 고를 것입니다.

약 20년 전에 저는 바르셀로나에서 두려움에 대해 말하고 있었습니다. 산 세바스챤에서 온 교수가 한 분 있었습니다. 저는 "두려움은 늘 과거의 것입니다."라고 말을 했고 그 사람은 제 말에 동의하지 않았습니다.

"아닙니다." 그는 말했습니다. "두려움은 현재에도 있을 수 있습니다. 그것은 심지어 미래의 것일 수도 있습니다. 이렇게 가정해 보십시오. 이 수업이 끝난 뒤, 저는 차를 몰고 집으로 가고 있는데 경찰을 봅니다. 제가 잘못된 일을 했다면, 현재 이 경찰을 보고 두려움이 일어날지도 모릅니다. 이러한 두려움은 현재의 순간에, 즉 제가 처음 그 경찰을 보는 순간에 생깁니다. 저는 그 경찰이 저에게 어떤 일을 할 수 있는지를 알고 있고, 그 때문에 제 마음속에서는 미래의 일들에 대한 두려움이 일어납니다. 그것은 또한 미래의 영역 속에 두려움을 남깁니다."

저는 그의 말에 동의하지 않았습니다. "그 순간에 마음속에서 두려움이 일어나는 것은 과거의 경험이 있기 때문입니다. 즉 경찰이 당신에게 어떤 일을 할 수 있다는 것에 대한 과거의 지식 때문입니다. 당신은 과거의 경험으로부터 경찰이 어떤 사소한 위반이나 과속, 신호 위반 등 때문에 당신의 차를 세울 수 있다는 것을 압니다. 그래서 당신의 두려움은 과거의 생각 즉 과거의 기억에서 생깁니다.

수면 상태에서 당신은 과거에 대한 생각을 하지 않고 현재에 있습니다. 그곳에서, 그 상태에서, 두려움은 없습니다. 당신이 이 수면 상태에 들어갈 때, 과거의 모든 기억들, 당신에게 축적된 모든 두려움들은 사라집니다. 두려움은 과거에 대한 생각들이기 때문에 당신은 이 두려움을 수면 상태로 가지고 갈 수 없고, 수면 상태로 들어갈 수 있기 전에 그러한 생각들을 내려놓아야 합니다. 현재의 순간에는 어떠한 두려움도 없습니다. 당신이 마음을 과거의 생각, 과거의 경험으로 가지고 가서 미래 행로의 가치를 평가하기 위해 그것들을 이용할 때에만 두려움이 있습니다."

그는 제가 강조하려고 하는 요점을 이해했습니다. 당신이 현재의 순간에 머무를 때, 과거의 생각을 피할 때, 두려움은 그곳에 없습니다.

1968년에 저는 리쉬께쉬에서 외국인 부부 가까이에서 살고 있었습니다. 그들은 그 마을로 서서히 몰려들고 있던 일단의 최초 히피족의 일부였습니다. 그들에게는 기어 다닐 수는 있지만 걸을 수는 없는 아이가 있었습니다. 저는 그들 근처에 살고 있었습니다. 제가 베란다에서 요리를 하고 있을 때, 그들은 와서 함께 먹곤 했습니다. 이 아이도 제가 무엇을 하고 있는지 보려고 기어왔고, 아이가 왔을 때 저는 아이에게 음식을 좀 주곤 했습니다. 한번은 이 아이가 손에 전갈을 쥐고 있었습니다.

저는 말했습니다. "이것은 전갈이란다. 이것은 아주 독성이 강한 침으로 아프게 찌를 수 있어. 내가 그것을 치워 줄게."

엄마가 "아니에요, 그것이 그 아이를 찌르게 두세요. 그것이 그 아이를 찔러야만 아이는 다음 번에 이런 종류의 동물이 찌른다는 것과 앞으로 그것을 내버려두어야 한다는 것을 알게 될 거예요. 이것이 우리가 배우는 방식이죠."라고 말해서 저는 깜짝 놀랐습니다.

이것은 아동 발달에 대한 흥미 있는 이론이었지만, 저는 그 엄마가 전갈의 독침이 얼마나 해로울 수 있는지, 특히 아주 어린아이에게 얼마나 해로운지 정말로 모른다고 생각합니다. 저는 집게를 가지고 가서 그것을 그 여자아이의 손에서 떼냈습니다.

이 아이는 현재에 살고 있었습니다. 그 아이의 기억 속에는 전갈을 두려워할 어떠한 전갈 발자국도 없었습니다. 모든 두려움은 과거에서 부터, 이전의 경험과의 연상에서, 혹은 우리가 듣고 읽은 것들에서 옵니다. 이러한 연상들이 없다면, 과거에 대한 이러한 기억들이 없다면, 어떠한 두려움도 있을 수 없습니다.

어떻게 하면 그 발자국들이 처음부터 생기지 못하도록 할 수 있을까요? 혹은 어떻게 하면 그 발자국들이 우리에게 영향을 그토록 많이 주는 것을 막을 수 있습니까?

공중을 나는 새들, 그들이 어떤 발자국을 남깁니까?

아닙니다.

물고기는 물속에서 삽니다. 그들이 헤엄쳐 돌아다닐 때 어떠한 발자국을 남깁니까? 어떤 일을 할 때는 그냥 그 일을 하고 계속 앞으로 나아가십시오. 일어났던 일을 기억하지 마십시오. 과거에 한 일을 기억하지 마십시오. 그리고 앞으로 해야 할 일에 대해서도 생각하지 마십시오. 내일 일어날지도 모를 일에 대해 아무런 생각도 하지 마십시오. 그것에 대해 완전히 잊어버립시오.

며칠 전에 저는 한 스승이 매춘부를 업고 홍수 난 강물을 건네준 이야기와 이 사건에 대하여 그의 제자가 어떻게 반응했는지를 들려주었습니다. 스승은 그 여자를 내려놓자마자 마음에서 그 이야기를 내려놓았지만, 제자는 그 후 수마일 동안이나 머릿속에 그 이야기를 가지고 갔습니다. 발자국을 남기는 것은 행동이 아니며, 그 행동의 즐거움도 아닙니다. 그것은 행동에 대한 생각입니다. 즉 긍정적이든 부정적이든 그 행동에 대한 당신의 반응들입니다.

스승은 그 일을 했고 즉시 그 행동에 대해 잊어버렸습니다. 그는 자기 행동으로 마음이 움직이지 않았고, 그 행동으로 영향을 받지도 않았습니다. 그는 단지 해야 할 필요가 있는 일을 했을 뿐입니다. 어떤 사람이 도움이 필요했고 그래서 그는 그녀를 도와주었습니다. 그것이 그에게는 이야기의 끝이었습니다. 그러나 제자는 머릿속에 그 일에 대한 생각들과 판단들을 가지고 가서 그곳에 발자국을 남겼습니다. 이 발자국들은 기억을 만들고, 기억들은 판단을 만들고, 판단들은 미래에 대한 욕망을 만들고, 결국 욕망들은 당신을 환생시킬 것입니다. 이것이 삼사라의 연속, 즉 생사의 끝없는 순환입니다. 이러한 발자국들이 당신을 수백만 년 동안 생사윤회의 길에 묶어 둘 것입니다.

이 모든 것이 불가피한 것은 아닙니다. 바로 지금 이 현상계를 벗어날 수 있는 것은 당신의 힘 안에 있습니다. 아니면 당신은 단지 그것을 연기할 수 있습니다. 발자국이 없다면, 어떻게 환생할 수 있겠습니까? 어떤 까닭으로? 어떤 목적으로? 어떠한 발자국도, 어떠한 인상도 남기지 않는다면, 당신은 아무것도 지고 가지 않습니다. 당신에게 짐이 없을 때, 무슨 일이 당신에게 일어나겠습니까? 그 짐은 당신이 행동들과 그 행동에 대한 생각들에서 축적해 온 인상과 죄입니다. 저는 당신에게 무슨 일이 일어날 것인지 말해 줄 것입니다. 아무 일도 일어나지 않을 것입니다. 이것은 삼사라의 끝이 될 것입니다. 이것은 제가 "아무것도 지고 가지 마십시오."라고 말할 때 뜻하는 것입니다.

사람들을 도와줄 수 있는 상황들이 생긴다면 착한 일을 하고 자비심을 베푸십시오. 그러나 그렇게 하고서는 당신이 했던 일에 대해 잊어버리십시오. 당신이 아침에 한 모든 착한 일을 오후에는 기억하지 마십시오. 기억들과 마음의 추억들이 깨끗하고 비어 있도록 하십시오. 과거에 대해 눈을 감고, 도울 수 있는 적절한 자리에 있을 때 도와주십시오. 그러나 그 후에는 그것을 기억하지 마십시오. 발자국들을 축적하지 마십시오.

용어 해설

가뜨	신성한 강이나 저수지에 딸려 있는 목욕장. 물가로 내려가는 돌계단이 깔려 있음
갸나	진정한 지식, 참나인 실재에 대한 직접적인 지식
갸니	자기 자신을 갸나로서 직접적인 자각을 한 사람. 깨달은 존재
구나	삿뜨빅을 보라.
구루 뿌르니마	구루를 축하하거나 기리는 매년의 축제일. 보통은 7월의 보름 날에 함
꼬샤	보통 덮개로 번역됨. 인도의 몇몇 철학파에 따르면 자아가 기능하는 다섯 실체 혹은 몸
꼬히누르	인도에 다년간 있었던 큰 다이아몬드. 지금은 런던에 있음
꾼달리니	미묘한 몸의 척추의 기반부에서 시작하여 머리 꼭대기 바로 위에 위치하고 있는 중심인 사하스라라로 올라가는, 미묘한 몸 내에서 움직이는 사이킥 혹은 영적 에너지
다르마	문맥에 따라 여러 의미로 사용됨. 올바른 행위, 도덕적 의무, 신성한 법칙 혹은 종교적 전통을 의미할 수도 있음
달샨	구루 혹은 신을 보는 것
따빠스	보통은 신체의 고행을 포함하는 열렬한 영적 수행, 그것의 목적은 영적 불순물들을 태워 버리기 위한 것임
뚜리야띠따	네 번째 상태인 뚜리야 너머
리쉬	현자 혹은 성자
마뜨	유명한 성자를 기념하기 위하여 바친 힌두의 건물. 무뜨라 발음하기도 한다.
마야	환영, 비실재의 세상을 실재하는 것으로 만드는 힘

마하뜨마	위대한 영혼, 위대한 존재
목샤	해방, 특히 생사윤회의 순환으로부터의 해방
바바	사두, 특히 북인도의
바사나	마음의 경향성들 혹은 습관들. 어떤 특별한 방식으로 행동을 하게 강요하는 마음의 잠재적인 욕구들과 욕망들
박따	헌신자
베다	힌두교의 가장 오래된 경전
브람마	힌두의 창조의 신
브람만	힌두교의 비인격의 절대적 실재
비데하묵따	죽음의 순간에 해방되는 사람
비데하묵띠	죽음의 순간에 해방되는 존재의 상태
뿌자	의식으로 신을 숭배함
뿐야	보통 전생에서 행해졌던 영적인 미덕. 많은 뿐야의 축적은 자신의 삶에 우호적인 환경을 낳음. 반면에 많은 양의 빠빰은 불행한 삶을 낳음
쁘라나야마	호흡 통제, 요가적인 호흡 수행
쁘라랍다	까르마의 세 하위 부분들 중 하나. 이전의 삶에서 미해결되었던 작용과 반작용의 결과로 이번의 삶에서 행해져야만 하는 운명적인 행위
사다나	영적인 수행, 영적인 목표를 이루게 하는 수단
사두	깨달음이나 영적인 목표를 구하기 위하여 세상을 포기한 사람
사마디	참나를 자각하고 있지만 세상이나 자신의 몸을 자각하고 있지 않은 몽환 같은 몰입의 상태. 성자의 무덤
사하스라라	꾼달리니를 보라
사하자	자연스러운. 사하자 상태는 보통의 자연스러운 방식으로 세상 일에 관계할 수 있는 깨달음의 상태
산야신	힌두의 삶의 단계인 아쉬라마 중 네 번째 단계의 사람들. 해방을 얻기 위하여 독신의 수도승의 삶을 살기 위하여 세상을 포기한 사람
삼사라	해방을 얻을 때까지 지바가 거치는 계속되는 삶과 죽음의 순환. 더욱 일반적인 의미로는 세상의 삶
삼스까라	특히 이전의 삶으로부터 넘어온 마음의 경향성들 혹은 습관들

샷뜨빅	샷뜨바의 형용사. 샷뜨바는 순수함 혹은 조화를 의미함. 인도의 사상에 따르면 세 가지 구나인 샷뜨바(순수), 라자스(활동), 따마스(둔함)는 마음과 나타남의 세상 둘 다에 있는 근본적이며 변치 않는 성질임
샷상	샷과의 연합. 샷은 보통 진리 혹은 실재를 의미함. 모든 존재들과 모든 현현의 토대인 영원한 변치 않는 존재. 샷상은 자신이 샷과 하나가 된 사람과의 만남이나 혹은 자기 자신의 내면의 샷과의 만남
상가	연합. 참나와의 연합
싯디들	특히 요가 수련에서 오는 초자연적인 힘들
아난다	희열. 참나를 경험함으로써 오는 희열
야마	힌두의 죽음의 신
얏냐	베다의 의식. 희생의 공물
자빠	신의 이름이나 신성한 단어 혹은 경구를 반복하는 것
지반묵따	해방된 존재. 때때로 이 용어는 죽는 순간에 해방을 얻은 사람이라기보다는 살아 있으면서 참나를 깨달은 이를 지칭함.
지반묵띠	지반묵따의 상태

누가 생각을 하는가

초판 1쇄 발행 2019년 7월 26일

지은이 데이비드 가드먼
옮긴이 김병채

펴낸이 황정선
펴낸곳 슈리 크리슈나다스 아쉬람
출판등록 2003년 7월 7일 제62호
주소 경상남도 창원시 북면 신리길 35번길 12-9
대표전화 (055) 299-1399
팩시밀리 (055) 299-1373
전자우편 krishnadass@hanmail.net
홈페이지 www.krishnadass.com
ISBN 978-89-91596-59-7 03270

printed in Korea